続 人はなぜ暴力をふるうのか

〈共同研究「暴力および暴力論」第Ⅱ期〉

海老澤善一
太田明
高須健至
田川光照
常石希望 著

梓出版社

はしがき

本書は共同研究「暴力および暴力論の研究・第二期」の研究成果である。本研究会は愛知大学に勤務する、あるいは勤務していた学部・専門分野を異にする教員たちが、「暴力とは何か」という課題に取り組み、一九九八年に開始したものである。いらい足掛け一二年のあいだ、私たちは「暴力」について共に考え、語りあい、学びあい、学会発表、現地調査等々を行なってきた。一二年前の開始時、五十歳前後という壮年期にあったメンバーの多くは、気がつけば頭はすっかり白くなり、すでにアラカン世代に差し掛かってしまっている。その間二〇〇三年一二月、「第一期」研究会はその成果を海老澤善一、高須健至、田川光照、竹中克英、常石希望 著『人はなぜ暴力をふるうのか』(梓出版社)という一書にまとめた。本書はそれに続く「第二期」の研究成果であり、書名も第一期との継続性を示すため『続 人はなぜ暴力をふるうのか』とした。

研究会発足いらい、「暴力」に関し私たちを悩ましてきた問題がいくつかあった。ここでその一例のみをあえて挙げさせていただくとすれば、それは「暴力概念の多様性」であり、換言すれば「暴力とは何か」という問題に帰着する問いでもあった。アレントに従うまでもなく、まさしく「暴力はあらゆる人間活動の要」を占めており、従って「暴力」は人間と人間社会のあらゆる活動にともなって無限かつ不可避的に発動しうる事象であるという点である。

例えば、人間は自己の命を維持するためには「食う」ことを避けられない。食わなければ死ぬ。しかも、人間が食うものはと言えば、それは他の生命あるものの命にほかならない。魚や動物の肉に命があるのはもとよりのこと、野菜や果物、穀物にも生命があり、豆腐や味噌を食っても、それは大豆の命を食うことにほかならない。つまり人間は、他の命あるものを殺害し、その命を奪い、その命を「食う」ことによってしか自己の生命を維持できない点では、本性的・宿命的に「暴力・的」存在だと言いうるのである。「食」という非意識的「活動」においてさえそうであれば、より意識的・積極的な対人「活動」、社会「活動」においてはなおさらのこと、人間はその活動において本性的に「暴力・的」であることを避けられない存在である。『人はなぜ暴力をふるうのか』という問いに対する第一義な答えは「食う」という人の「Nature（自然・本性）」においてさえ、このように顕著に現れる「人間の生物的自己保存性」に由来するものだという点に存す。

もとより、かかる純粋に自然・本性に属す領域の暴力「それ自体」は、地震や自然災害などに並ぶものとして、私たちはこれを厳密な意味での「暴力概念」からは除く（第一章「暴力の形而上学」参照）。しかし「Nature それ自体を暴力概念から除く」ことと、その「Nature に人間の暴力の根源性を認める」ということとは別の事柄である。つまり、人間の本性的・本能的「暴力性」それ自体は暴力ではなくとも、私たちはそこにこそ人間のあらゆる現実的暴力を生み続ける「暴力の根」を認めないわけにはいかないのであり、その限り人の活動は「食う」ことを始めとし、絶えず「暴力・的」であることをまぬがれない。まさしくアレントの言うように「暴力はあらゆる人間活動の要」を占める。

「暴力と暴力論」に関わる研究は、かならずと言ってよいほどに、かかる「暴力概念の多様性」「暴力概念の定義」の問題に突き当たるであろう。しかも、この「暴力概念」は決して一定的でも完結的でもない。地域やそれぞれの文化に応じて異種多様であるだけではなく、それら全てが「時代」と共に激しく変遷し続けるからである。

すでに第一期の研究成果でもこの問題に取り組んだ研究があったが、今回の私たちの成果では、この点を直接・間接的に自覚的に取り上げ対決している論考が多く、しかもこれらは今日までの「暴力論研究」の大きい成果として自負してもよいであろう。すなわち、第二章「暴力概念のひろがり」は、この「暴力の定義化」という困難を直接的にテーマとしており、また第一章「暴力の形而上学」も哲学思想史の背後にこの問題を見据え抜いている論考にほかならない。さらに第三章「不気味なものの支配と暴力」も、現代社会の諸現象に焦点を当てつつも、そこに潜むかかる無規定的暴力性を「不気味なもの」として捉え、かつ分析している論考だと言えよう。

本「暴力および暴力論研究会」は、発足以来一二年の間に、右に挙げたような実に様々な困難、課題、問題点を克服し、またその成果を大学の「授業」として学生諸君に開講することを通して、若い人たちと共に教室でも考えてきた。気がつけば構成員の多くが、「暴力」の準専門家になっている。しかし、私たちが目指してきた「暴力学」の体系化、「学」としての「暴力学」の構築にはまだ至っていない。これについては、後学諸輩に委ねるほかない。

最後に、本研究会構成員を一貫して支え続けてきた私たちの研究「目的」を、後学諸輩のためにも改めて明示しておきたい。

人間の精神において、また複数の人間が集まって形成する組織体において、必然的に働いている構造的な力としての〝暴力〟は、部分的力の総和を越えて現れ、時に合理性・法則性を打ち破って奔出する。そのダイナミズムに注目し、構造・関係を伴った組織において顕現する暴力を、国家権力・市場の暴力・国家間の覇権闘争から、家庭内の力関係、さらに個人の内部における無意識的力、あるいは人間性にひそむ暴力性のレベルに至るまで、その本質的構造を明らかにすることを目的とする。その具体的内容は、一、暴力構造についての理論的研究、二、

「暴力理論」の史的研究、三、暴力の具体的事例の研究、である。（「第一期研究会研究計画書、一九九八年」）

今回の成果を右に従って区分するとすれば、はじめの三章、すなわち第一章「暴力の形而上学」（海老澤善一）、第二章「暴力概念のひろがり——肉体的苦痛と包摂／排除のあいだ」（太田明）、第三章「不気味なものの支配と暴力——リアリティ喪失の時代とリアリティの再考」（高須健至）の三論考は広義の「理論的研究」に属すと言え、他方後半の二章、すなわち第四章「戦争と暴力——『戦う道具』としての兵士」（田川光照）、および第五章「近代天皇制とキリスト教——日本近代史における『国家と宗教』の暴力一考」（常石希望）の二論考のほうは「歴史的事例的研究」に属すと言えよう。詳細は左に示すそれぞれの「概要」を参照していただきたい。なお、本研究会活動および本書は、愛知大学研究助成（共同研究B—二八）による研究成果であることを記し、私たちの研究を支援してくださった多くの方々に心からなる感謝を表したい。

二〇一〇年三月

愛知大学「暴力および暴力論研究会」

概　要

第一章「暴力の形而上学」（海老澤善一）

「暴力」の概念はあまりにも多義的に使われており、その内容が曖昧になっている。圧倒的な力を持つ自然や神が人間を殺傷する場合、それは暴力であるよりは運命や摂理と見なされるべきである。暴力とは、その力を行使する者が人間であり、人間が人間を毀損することと定義すべきであろう。すると、暴力は、人間の主体性が自覚された近代に特有の概念であることになる。この視点から、暴力の本質を考えると、「他者の不在」と他者の存在しない「均質な空間」、この二つが暴力の存在論的規定として浮かび上がってくる。暴力とは他者を喪失した近代人が均質化された空間の内で生きる行動様式の一つである。

いわゆる秋葉原事件には暴力のこの二つの性格が顕著に現れている。Kは殺害の相手は「誰でもよい」と言う。被害者は特定の他者ではなく、すべての人のなかのひとりであるにすぎない。そして、殺害の場所はすべての人が無名の者となる交叉点であった。

近代の自然状態という仮説、例えばホッブズのそれは、すべての人がすべての人と敵対する空間であり、そこに、他者の不在と均質な空間という二つの性格によって規定される暴力が初めて概念化された。同時に彼は、暴力の裏面である人間の孤独をも見出した。他者のいない戦いとは、味方もいないのであるから、孤独であらざるをえないのである。ルソーの自然状態は、この孤独をこそ人間の本質と見るものである。そして、孤独の積算である社会契約によって生まれる一般意志は絶対的な暴力を持つことになる。

ヘーゲルは自然状態という仮説を一蹴した。そのことはまた人間の本質を空間の内にではなく、時間において、歴史として見ることをも意味している。彼は失われた他者の概念を復興した。暴力とは力（理念）が存在者の内に他者として現れることにほかならないからである。彼は「力の現れ」としての暴力という考えを広く存在するものの全体に適用して、暴力の存在論を作った。

アーレントは人間の空間的在り方を復興させたが、それによって再び他者を見失ってしまった。人間の空間性は、彼女においては公共領域を意味する、「人と人とのあいだ」ないしは「現れの空間」と呼ばれる。その空間は現れるものなき現れであり、現れ得ぬものを排除する均質な空間である。その内では、人は一切の内容を持ちえず、ただ表面として存在しているにすぎない。「現れ得ぬもの」とは他者であって、その空間には他者はおらず、ただ多者（多数の者）がいるにすぎない。

こうしてアーレントは人間を再び近代の自然状態に戻してしまった。秋葉原事件はこのように他者がいない均質化された空間において起こったものであり、現代は、暴力と孤独の、新たな自然状態にあるといえるであろう。

第二章「暴力概念のひろがり——肉体的苦痛と包摂／排除のあいだ」（太田　明）

暴力概念はきわめて曖昧に広く用いられており、その規定は容易ではない。ますます困難になっている。むしろこういったほうがよかろう。暴力はいつもあるのだが、姿・形を変え、隠れており、以前には気づかなかったところに紛れ込み、その場所で偽装し、気づかれずにいる。その結果、われわれはつねに同定できるとは限らず、一つの形式で確認できないような流動的な現象に立ち向かわねばならなくなっている、と。さまざまな暴力概念の提案、つまり暴力概念の拡大は、おそらくこうした状況を反映したものである。

暴力概念の拡大を詳しく見れば、暴力が単なる行為というよりも、多次元的な構造をもち、どの次元や構造要素に着目するかに応じて、われわれが暴力をどう捉えているかがわかってくる。そこで、さまざまな暴力概念を検討して、その次元と構造要素を取り出し、さらに暴力概念の多次元的な構造を見通すマトリックスを与えてみる。暴力概念の中核に物理的暴力があることは否定できないとすれば、このマトリックスではそれを中心にして、構造的暴力・文化的暴力・制度的暴力が配置される。

構造的暴力の概念に対しては、暴力概念の拡張というよりもインフレーションを引き起こした元凶と評価される場合が多い。社会的問題のなにもかもを「暴力」の一言で括り、非難するというレッテル貼りの風潮を生み、学問的な意味での暴力概念を失効させたというのである。こうした批判を行う論者たちは、暴力概念を直接的暴力に狭く限定して用いる方向を志向する。彼らは人間の身体の「傷つきやすさ」という人間学的概念を基礎にして、物理的暴力による肉体的苦痛の受苦に焦点を当てて暴力を捉えようとする。同時に一九九〇年代にこの議論を主導した論者たちは、「暴力研究の革新」を提唱し、これを契機にして暴力研究をめぐる一種の「新旧論争」が登場した。新旧両派の論点を概観することで、「傷つきやすさ」を基盤に据える暴力概念の特質が見えてくる。

しかし、翻ってみれば、直接的暴力だけに限定することは、暴力概念を狭く捉えすぎることにならないかという疑念も生じる。言い換えれば、構造的暴力のような不可視の実行者による暴力をとらえる概念はもはや不要なのかという疑問である。これに関連して、社会学者ルーマンが観察した機能的分化社会における包摂《インクルージョン》／排除《エクスクルージョン》が「柔らかい暴力」として理解されるという議論を取り上げる。

現代社会は、直接的暴力から自由になったわけではなく、それが自分の肉体に降りかかってくることをわれわれは恐れる。しかし、機能分化した社会は、包摂が提供するものの選択を強要し、選択を拒否すれば排除する。われわれはこうしたやわらかい暴力にも取り囲まれているのである。

第三章「不気味なものの支配と暴力——リアリティ喪失の時代とリアリティの再考」（高須健至）

本章はまずはじめに、社会と人間をめぐり世界的に進歩と退歩を拡大再生産し、細部と全体の乖離の機構および目的と結果の反転の運動過程をビルトインした近現代の基本の特質を踏まえて、不気味なものを、日常の異常化および異常の日常化と定義している。それはまた、機械式時計時間による空間（人間、自然、社会）の支配に規定された「死んだ抽象による生きた具体の支配・破壊」、直接には感知されない「不可視のシステムによる可視的なものへの間接的支配」、および心的伝染性のきわめて強い「象徴操作による実体の支配・偽装」をも背景としているものである。

継いで、「存在風景としてのリアリティ」を設定し、なり、すわり、およびたたずまい、そして平らかにすること、包みこむことおよび結い合わせること、さらに柔らかなこと、軽やかであることおよび薄やかであること、これらの三位一体を得るときに、それは完全に実現されることを展開している。そのあとに、「生きていることの実感としてのリアリティ」に進み、生きがいが中心に扱われる。いずれも、必要の原則の全《まっと》うのうえに余剰（ふくみ）世界として想像力に訴求するものを残すことに共通項をもつ。不気味なものははからずもこれらのリアリティを消失させるだけでなく、強烈で刺激的な短絡表現にともなう内実の萎縮・霧消・破壊、白けた空気関係への稀薄化および相互の呼吸関係の逼塞《ひっそく》をひきおこす実態としての「反面リアリティ」問題が解き明かされる。具体的な事例としては、主に永山則夫連続射殺事件、秋葉原大量無差別事件、ことばの暴力、市場の暴力、暴力テーマの演劇、現代版リアルの異常性が取りあげられ、それらに関わる識者の見解の再検討も加えられている。

第四章「戦争と暴力——「戦う道具」としての兵士」（田川光照）

アフガニスタンとイラクから帰還したアメリカ軍兵士の三〇万人がＰＴＳＤ（心的外傷後ストレス障害）に苦しんでいるとされる。このＰＴＳＤの概念はベトナム戦争を経て形成されたものであるが、兵士が抱えるトラウマ（心の傷）の問題は第一次世界大戦において登場していた。近代的兵器の登場と国民総動員体制のもとでなされたその大戦において、トラウマのために戦えなくなる兵士が大量に現れたのである。以後、兵士をトラウマからいかに解放し戦場に送り返すかが国家の課題になった。

その一環として、第二次世界大戦以降さまざまな訓練の改良がなされてきた。人型の標的を用いた射撃訓練にはじまり、イラク戦争ではイラクの町並みのセットを用いてのシミュレーションによる訓練もなされるようになった。そのような訓練の改良の中に、敵を非人間化すると同時に、兵士自身をも徹底的に「戦う道具」に還元して非人間化するという二重の非人間化操作が見られる。この二重の非人間化は、たとえばベトナム戦争中に米軍が起こしたソンミ村虐殺事件のベースになっていると見ることもできる。

ところで、アメリカはベトナム戦争後に徴兵制を廃止し志願兵制に移行した。その志願兵制のもとで、現在、アメリカではさまざまな手段を用いて兵士がリクルートされているが、そのターゲットとなっているのは、もっぱら貧困層、あるいは格差社会の下層に属する若者である。このことは、非人間化し「戦う道具」に仕立てようとする国家による道具的暴力の犠牲となる兵士の多くが、それ以前にすでに構造的暴力の犠牲者であったことを意味する。

本章は、以上のような被害者としての兵士という観点から、二〇〇八年九月一四日にＮＨＫテレビが放映したＮＨＫスペシャル「戦場　心の傷跡——兵士はどう戦わされてきたか」を素材の一つとしつつ概観するものである。

第五章「近代天皇制とキリスト教――日本近代史における「国家と宗教」の暴力一考」（常石希望）

「暴力研究」というものは、その課題の多様性に即してきわめて多様な方向を採りうる。しかし、この研究の方向性というものを、あえて次のような二方向に大別する視点が可能であるように思われる。すなわち、一は「理論的研究」、これには広義の暴力理論および暴力理論史関連の研究が含まれる。他の一は、「歴史的事例的研究」、歴史に生起した具体的な暴力事象・現象を主たる関心とする研究である。もとより、両者は不可分離的に相即しているのは言うまでもないが。

これに従えば、本章は最初から「歴史的事例的研究」に属すことを志向してきたものである。「国家と宗教」の暴力という問題を、できるだけ理論的に還元することはひかえ、むしろ現実の歴史（明治～昭和敗戦まで）に即し、そこにとどまって、歴史的に解き明かそうとする。具体的には、①明治中期までの国家の宗教政策、あるいは国家にとっての「宗教」の位置と役割、とくに実質の「国教」であった「天皇制国家神道」の成り立ちと変更と偽装を暴力として捉え、②こうして偽装された日本の「国教・神道」に対し、他の「宗教」である「戦時下日本キリスト教」が採った対応・応答をも別の暴力として捉え、それぞれ歴史的に（従って、資料に基づいて）暴力事象の具体例として提示しようとする。

目次

続　人はなぜ暴力をふるうのか

第一章　暴力の形而上学

海老澤善一

はじめに

「暴力学」というべきもの、暴力の概念的規定を、私は考えたいのだが、痛感するのは、暴力（violence, Gewalt）の語がはなはだしく多様な意味を持ち曖昧に使われていることである。暴力とは一般に人間の存在が肉体的あるいは精神的に殺傷されることと定義できるであろう。しかし、自然や神が人間に不可抗的に迫ってくる場合、われわれはそれを暴力とは言わずに、運命や摂理と言うのではないか。人間を傷つけ生命を奪うものが自然や神ではなく、ほかならぬ同じ人間であることが理解されたとき初めて、人間はそれを暴力と呼ぶのであろう。このように考えると、暴力概念はきわめて明快なものとなる。暴力という概念は、主体としての人間の概念が生成するのと軌を一にして生まれたのであり、関連する概念、例えば、知性、絶対空間、国家などと同じく、近代に誕生したのである。絶対他者としての神が超越性を失い人間知性のなかに吸収され、他方で、均質な空間のごとき自然状態が仮定され、そのなかで互いに差異を持たない原子のような人びとのあいだに国家を初めから構成しようとする試みを通して、暴力概念は生まれてきたのである。暴力とは他者を喪失した近代人が均質な空間の内で生きる行動様式の一つである。

ホッブズは自然状態という空間の内に暴力を、ルソーは孤独を仮定した。暴力と孤独は初めから双子の兄弟であった。この二人の思想家には他者の概念は存在しない。ホッブズにとってすべての人間は「誰でもよい」一人にすぎず、ルソーにとっては「誰でもない」一人にほかならなかった。ヘーゲルは他者を復活させた。彼は自然状態を理念の他者――正確に言うと、理念自身が他者として在る仕方――と理解し、その他者の内において働く理念の力の現れたものが暴力であると考えた。自然状態の内で失われた他者はこうして理念の他者として復活するのであるが、自然状態が含意していた空間性は止揚され、他者は時間すなわち歴史の内で消えていく一つの契機になり、暴力（理念の他者性）は歴史の内で現実と和解するに至る。アーレントはヘーゲルが止揚した空間性を再び復活させた。彼女は、力の現れというヘーゲルの暴力規定から、力という実体的なものの存在を否定し、ただ「現れ」だけを取り出し、そこにおいて権力と暴力の本質を考えた。彼女にとって、現れとは人と人とのあいだ、空間にほかならないが、それはもはやホッブズやルソーのような始原の自然状態を意味するものではなく、人間が今・ここで新たに理想の政治社会を生み出すための始まりを作る能力を発揮する領域とされる。しかし、空間の内に存在する人間は表面だけで生きざるを得ないものであり、「現れ得ぬもの」すなわち他者は理解されることなく、多数であることとしての人間、他者ならぬいわば多者たちの言論による、単に可能的な決定の世界、偶然の世界が生まれる。こうして現代は再び新しい自然状態に戻されたのである。

なぜ空間において他者は存在し得ないのか。この問いに対してはこう答えるべきであろう。空間はそもそも均質であるべきであって、それゆえ異なったものを排除せざるを得ないからである、と。多であること、これは本来、一であることの他者であったが、近代においてはその一（絶対的な統一）が失われているのであるから、多は互いに差異のない同質のものが多数存在することにすぎない。多は、他の概念とは違って、「私でないもの」ではない、私と同じであるものにすぎない。ここに在るのは多数の私だけである。しかし、私とは他者《ほか》ならぬ私（Ich bin kein ander als ich）であるが、その他者が空間には存在しないとすれば、私そのものもまた真実に存在しているのではない。暴力とは、不可解なるもの、異様なるもの、すなわち、他者を、排除した空間の内で、私を見出そうとして見出し得ぬ「私」の行為にほかならない。

一　「誰でもよい」「誰でもない」

二〇〇八年六月八日、歩行者天国の秋葉原の中央通りと天神通りの交叉点を、Kの運転するトラックが人びとを次々になぎ倒し、車を捨てたKはナイフを振り回して雑踏を駆け抜け、七人を殺し一〇人に怪我を負わせた。私はこのいわゆる秋葉原事件をいとぐちにして暴力を存在論的に考えてみたい。Kは多くの生命を奪いながら、その動機が不可解であり、怨恨や報復として理解できないこと、そしてこの事件が無責任にも奇妙な共感を呼んでいること、ここに暴力の本質に潜む暗い闇が露呈しているように思われる。

私は被害者たちの無惨な死にいたたまれない思いがすると同時に、二つのことが頭から離れなかった。一つは多くの人びとが指摘していることだが、Kがインターネットに書き込んだ片言隻句の一つ「誰でもよい」という言葉である。Kは犯行の数日前、犯行を予告するかのように書いている。

人間関わりすぎると怨念で殺すし、孤独だと無差別に殺すし、難しいね。「誰でもよかった」なんかわかる気が

する
同じ悩みを持った人同士なら、いろいろ共感できるはず　俺と同じ悩みの奴なんか居ない

殺害の対象は「誰でもよい」ことを、彼は自らの「孤独」と結びつけている。そして「孤独」は「悩み」を共有できぬこと、共感でき得ぬことと結びつけられている。彼はその分散した心を軽みともいうべき調子で描いている。

相変わらず一人／ひとりぼっち／誰もいない／現実でも一人／ネットでも一人

交叉点の雑踏の途方もない孤独、それが暴力と結びつく、このことの意味するものは何か。雑草ですら、酢漿草《かたばみ》の一葉一葉ですら、みな違うのに、「誰でもよい」とは。ここにはどのような生が潜んでいるのか。このことを考えたいのだが、その前にもう一つ気にかかったことを述べたい。

Ｋはなぜ誰にも悟られずに密かに人を殺すことをしなかったのか。そうした方が殺人の目的は確実に成就されたであろうに。では、「ワイドショーを独占するように」、Ｋは自分の固有性を誇示したかったのか。しかしＫの犯行には独自な内容が欠けている。酒鬼薔薇と称した少年Ａの犯行にはストーリーがあった。少年Ａはそのストーリーを完結させるために密かに人を殺しつづけた。ところが、Ｋには人を殺すことを意味づけるストーリーがまったく欠如している。Ｋの目的は人を殺すことにあったのだろうか。

Ｋは何を目的としていたのか。私は偶然に撮影された事件の現場写真を見て、Ｋの目的は空間を支配することにあったのではないか、と思いあたった。交叉点の雑踏を、「誰でもよい」人びとが歩いている。そのなかへＫは車とナ

イフで突入してゆく。それに気づいた人びとは、近くの者は逃げまどい、離れていた者は何ごとが起こったのかと視線をそちらに向けている。下敷きの上に撒かれた砂鉄が、磁石の力で波紋を形作るように、交叉点の雑踏はKのナイフを中心に同心円を描いている。この瞬間、Kは交叉点という空間を支配した。

　暴力すなわちGewaltの語はほんらい単に否定的な意味を持つものではなかった。ルターにとっては、暴力はその根拠を神の秩序の内に有していた。その神の力が世界の内では、世俗的暴力すなわち剣と、霊的暴力すなわち言葉として、現れるのである。グロティウスでは、この暴力が神の秩序から離れて、人間の秩序、自然権を根拠とする個人の空間を意味するものとなる。こうして空間は神の力を離れたもの（絶対他者を見失ったもの）としての人間が住まうべき所を意味することになり、それはまた近代の絶対空間と自然状態の概念と密接に結びつくことになる。私は秋葉原の交叉点とそこに居合わせた人びとの映像を見たとき、この空間は現代に甦った自然状態ではないかと直感した。Kはこの空間を支配しようとしたのに違いない。自然状態とはつまり、他者、異質なものを排除する、すべての人が「誰でもよい」ものとなる空間のことである。

　「誰でもよい」という言葉は単に誰かを選択しないことではないであろう。むしろ特定の誰かを選択できない（他者性そのものを否定する）という状況がKには存在していたことを、Kの言葉は主張している。あるいは具体的な他者と関わることを避けようとする意志が、具体的な人間関係を築くのを回避しようとする意図が見られる。そうであるならば、雑踏を避けて荒野におればよいのである。あるいは雑踏のなかにあっても、「誰でもない」群衆の一人として歩いていればよいのである。ところが、Kは、関係を避けながら、それにもかかわらず、「誰でもよい」他者に、直接的かつ否定的にすなわち生身の肉体を抹殺するという行為によって、関わろうとした。「誰でもよい誰か(anybody)」とはそもそもそれ以上に修飾されるべき何ものも持たない存在であるはずなのに、それはその上にKの殺戮の対象として単なる「肉体（body）」に化してしまった。Kは他者を避けつつ、しかし他者を求め、剣で肉体を突き刺すという仕方で、初めて、他者に触れ得たかのようである。忌避と欲求、排除と接触、他者との関わりにおける矛盾したこの二つの態度の共存は、決してKに特有なものではないであろう。われわれもまた、現代においては、Kのように剣を用いずとも、この葛藤を生きざるを得ないのではないか。

Kの犯行を構成しているのは三つの要素である。一つは、行為者Kの目から見た対象である。対象はKにとって「誰でもよい」者、他者性を否定された者である。第二に、被害者自身、彼らはなぜ「他《ほか》ならぬ私」が殺されねばならぬのかと、痛切に感じたはずである。行為を受ける者は決して無規定なものではなく、必ず個体である。そして第三に、行為者そのもの、Kである。彼は「誰でもよい」と言った。この言葉は対象を選ばないと理解するのが自然であるが、同時にまたその実行者が「誰でもよい」、「誰でもあり得る」、つまり、自分は特定の私ではなく、「誰でもないもの（nobody, niemand）」であるという意味をも含んでいるであろう。「誰でもない」というこの言葉を書きながら、私はホメロスの『オデュッセイア』を思い出した。

オデュッセウスは隻眼の巨人であるキュクロプス族のもとにやってくる。この部族の者たちはそれぞれが他の者から離れてひとりぼっちで洞窟のなかに住み、家畜を世話しながら暮らしている。彼らには集会も掟もない、そもそも社会を形成しないのである。オデュッセウスは「客人」として遇してもらおうと部下を連れて一つの「洞窟」に入っていく。ところが、洞窟の主ポリュペモス（海神ポセイドンの子）はオデュッセウスの部下たちを次々とちぎっては食べてしまう。名前を聞かれたオデュッセウスは「私の名は『誰でもない《ウーティス》』だ」と名乗る。オデュッセウスに唆されて酒を飲み泥酔したポリュペモスの目を、オデュッセウスは真っ赤に熱したオリーヴの丸太を突き刺して潰す。ポリュペモスの悲鳴を聞いてそれぞれの洞窟からキュクロプスたちが駆けつけてくる。

ポリュペモスよ、不老不死の夜を汚して、大声をあげてわれらの眠りを妨げるとは、いったいお前はどんな苦しみに遭ったというのだ。

どこぞの人間（死ぬべき者）がお前の山羊や羊を盗んでいくとでもいうのか。

それとも、お前を、誰《メティス》かが、策略でもって、あるいは、暴力でもって、殺そうとしているとでもいうのか。

洞窟の岩の裂け目から、ポリュペモスはそれに答えて言った。

皆の衆、暴力《ビア》によってではなく、策略《ドロス》によって俺を殺そうとしている奴は、「誰でもない」のだ。

集まってきたキュクロプスたちは、それに翼ある言葉を返して言うには、
ひとりぼっちで穴の中に棲むお前に暴力をふるった者が誰でもない（誰もいない）のであるならば、ゼウスの下す病いは避けようがない。せいぜいわれらが父神ポセイドンに祈るしかなかろう。

こう言い捨てて彼らは行ってしまった。（第九歌四〇三―四一三）

「誰でもない」と名乗ったオデュッセウスの機転は、暴力の実行者は「誰でもない」のだから、キュクロプスたちからは姿が見えず、ポリュペモスの怪我はゼウスの下す自然の病いと見なされてしまう。窮地を脱するオデュッセウ

スのこの痛快な機転、「誰でもない」という言葉はもちろんオデュッセウス自身のことを指しているのだが、私は、「誰でもない」のはむしろほかならぬキュクロプスたちの方ではないかと思う。彼らは社会を作らず、感情も慈悲も持たずに、それぞれ「ひとりぼっち」で穴のなかに棲んでいる。彼らは皆「誰でもない」のである。他者というものを意識せずに暮しているのだから、他所者《よそもの》を「客人」として遇することも知らない。「客人」と見なされなかったオデュッセウスは当然自分を「誰でもない」と称する以外になかったのである。ところで、ポリュペモスには、オデュッセウスの暴行は「暴力」ではなく、「策略」と映った。なぜか。その策略は、われわれからすれば「誰でもない」というオデュッセウスの言葉だと思われるのだが、もちろんこの言葉はポリュペモスにとっては策略とは意識されない。「誰でもない」のはまさに彼らの生き方そのものなのだから。ポリュペモスにとってオデュッセウスの憎むべき策略とは酒を飲ませて眠りに陥らせた企みにあり、彼にとっての暴力はそのような企みを交えない直接的な力の行使をいうのであろう。

「誰でもよい」ことの意味を考えるうちに、「誰でもない」と「ひとりぼっち」が浮かび上がってきた。キュクロプスたちは洞窟にひとりぼっちで棲んでいた。ひとりぼっちとはルソーの「森の人」の生き方ではないか。それに、Kもまた雑踏のなかで、まるで洞窟のなかにいるかのように、ひとりぼっちであった。私はこの三つの言葉の結びつきの内に暴力の本質を見ることができると思う。これら三つが結びつくのは「自然状態」という近代の擬製の概念においてである。そこで、ギリシャ神話の海神ポセイドンの末裔から旧約聖書の海獣リヴァイアサンの末裔に話しを移そう。

二　自然状態と暴力

ニュートンは物体の運動を説明するために絶対空間というものを考えた。絶対空間は無限定で、等質、等方向、不動のものであり、それ自身はそのなかにある物体からいかなる影響も受けることがない。この空間の内にある物体は、外部から力を加えられない限り、静止あるいは等速運動の状態を維持するのであり、この慣性すなわち自己保存によってそれぞれ孤立しており、したがってまた他者との関係によって存在するものではないから、互いに質的な差を持つこともない。いずれかの物体が特権的な存在であることはなく、すべての物体はすべての物体に対して平等である。この絶対空間という思想は観察と抽象によって作られた概念ではなく、知覚されうるものではない。むしろ逆に、知覚を可能にするために仮定された認識と存在の条件にほかならない。中世の階層的な宇宙像に代わって、近代においては等質で慣性的な物体から成る世界像が生まれたのであり、その自然観の根底に無限定の絶対空間という思想がある。

近代自然科学の基礎にあるこの絶対空間と類比的に理解されるのが、自然状態という近代の政治思想の前提であり、それはいわば精神の絶対空間と言えるであろう。自然状態（state of natur, Naturzustand）という語はもともと「恩寵の状態」に対立する神学用語であり、神の恩寵に与れない人間の悲惨な状態を指していた。しかし、神を頂点とする階層的な世界秩序が崩れたとき、自然状態は人間の住まう無限定で等質な空間、空間としか言いようのない何の属性も持たない領域となった。ホッブズは自然状態の語から神学的意味を除き去って、それを神の手を離れた人間の住まう空間としてとらえなおし、彼の人間学すなわち政治学の前提としたのである。人間の自然状態は、ホッブズにとって、たしかに神の恩寵を得られぬがゆえに「悲惨」であるが、同時に神の手から解放されたがゆえに「至福」でもある。——私は、ホッブズとルソーとが仮定した対蹠的な自然状態を検討しながら、暴力と孤独の問題を考えていきたい。ロックの自然状態も検討すべきではないかと指摘されるかもしれないが、ロックは「自然法の範囲内で」自然状態を考えているのであり（*Two Treatises of Government, the second tretise*, Chap. II, §4）、自然状態そのものを直接に仮定することはないから、ここでは除外しよう。ホッブズやルソーのように、自然状態を自然法の未だ存在しない状態と仮定し、そこから自然法（自然権）を導き出してこそ、自然状態の本質は明らかになるからである。

絶対空間と自然状態は神の支配を脱した人間の空間として仮定された概念である。その仮定の力の内に、近代哲学の本質である自己保存と主体性の原理を見ることができる。このように自然状態が近代において創作されたものであるとするならば、自然状態という前提から推論した結果として導き出されたホッブズの暴力、ルソーの孤独は、いつの時代にも当てはまるものではなく、近代人に固有の概念であると考えねばならないであろう。暴力と孤独は、人間が故知らずに蒙り忍従するものではない。それは、人間が自ら開いた空間の内で、人間が人間に対してふるう態度であり、あくまでも人間の事柄でなければならない。それゆえに、人間は暴力と孤独について責任を持たねばならないのである。

ホッブズは自然状態を『リヴァイアサン（*Leviathan*）』の第一三章「人間の自然状態、彼らの至福と悲惨について（Of the Natural Condition of Mankind, as concerning their Felicity, and Misery）」において描いている。自然状態は、彼によれば、「戦争状態」すなわち絶えざる恐怖と暴力によって常に死の危険に脅えている状態であり、「不幸な状態（the ill condition）」（*Everyman's Library*, p.66）であるから、人間にとって「悲惨」であることは素直に理解できる。

しかし、なぜそれが「至福」でもあるのか。至福の語は皮肉以上の意味を持つのか。そして、なぜ自然状態は至福でありながら悲惨であるのか。

ホッブズはこの章を「自然は、人びとを、身体の能力と精神の能力において、平等に作った」(p.63)という文で始める。主語の「自然」は物理的自然でもなければ、もはや神でもない。それは人間そのものを指している。すべての人間が身体的にも精神的にも平等であること、これは現実には経験不可能なことであって、人間がそのように仮定したものにほかならない。ホッブズは、自然状態を解明しそこから戦争状態へと移る過程を推論するのは「経験(Experience)」によってではなく――したがってまた歴史におけるものではなく――、「情念(the Passions)」によってであると言う(p.65)。情念とは、始原を仮定し得る人間の意志のことである。ニュートンの絶対空間がいかなる内容も持たず方向もなく、ただその内に物体を入れる容器のようなものであるように、ホッブズの自然状態は、平等な人間、誰でもよくしたがって誰でもない人間、つまり他者というものを持たない人間たちが生きていく空間にほかならないのである。

同じ章の第三段落で、ホッブズは次のように言う。

> 能力の平等(equality of ability)から、われわれの目的を達成するにあたっての希望の平等(equality of hope)が生じる。それゆえ、もし誰でもよい二人の者が同じ事物を欲求し、それを二人ともが享受することが不可能な場合、彼らは敵(enemies)になる。そしてその目的(これは原理的には彼ら自身の自己保存であり、ときには快楽のみの場合もある)を達成する過程で、相手を滅ぼそうとするか、相手を屈服させようと努めるのである。
> (p.63)

そうして、自己を保存するために人びとは相手に「暴力」をふるうことになる。

人びとは、彼らすべてを畏怖させておく共通の力というもの（a common Power）なしに生きているあいだは、戦争（Warre）と呼ばれる状態にある。すなわち、すべての人がすべての人に敵対している（every man against every man）ような戦争のうちにある。（p.64）

すべての人がすべての人に敵対するとは、誰も特定の他者を持てないということである。彼らが敵対する相手は誰でもよく、そして彼らもまたその相手から見れば誰でもよく、したがって彼らは互いに誰でもない者として敵対している。これがホッブズの仮定した人間の自然状態である。しかし、能力の平等から互いに敵として対峙し合う戦争状態を導き出すことは、そこに論理の飛躍があるように思われる。身体、精神ともに平等であるならば、勝負はつかず、戦うことは共倒れを招くであろうから、戦いはむしろ自己保存に反しており、戦争とは別の仕方で、「共通」のものを（例えば後に述べるアーレントのように「言論」によって）求めるはずだとも考えられるからである。そこで、自然状態から戦争状態へのホッブズの推論には、人間の本性（自然）に関して、能力の平等とは別の前提、むしろ平等ならざるものを含む前提があるように思われるのである。

ホッブズは『リヴァイアサン』の第一一章を「ふるまいの違いについて（Of the difference of Manners）」と題して、愛、憎悪、服従、野心など、人間の「ふるまい」、行動様式を分析している。このふるまいの違いのうちに、自然状態のもう一つの前提と、先に指摘した至福の含む意味が存している。ふるまいの違いの根底にある人間の傾向性一般と至福について、彼は次のように述べている。

そこで私はまず最初に、すべての人間の普遍的傾向（a general inclination）として、死に至るまで熄むことのない、力を求めて果てしなく落ち着くことのない、力の欲求（desire of Power）を挙げる。（p.49）

　至福とはある対象から別の対象へと欲求が不断に進んでいくことである。（p.49）

　神に祝福されるような「満ち足りた精神の休息」の内には至福はない。死ぬまで絶えることなく欲求を持ち続けることこそが人間の至福なのである。「欲求におさらばしたような人間は、感覚や想像力が停止したような人間と変わらず、もはや生きるに値しない」（p.49）からである。なぜ人間の欲求は満たされることなく、次々に限りなく新たな欲求が生まれてくるのか。なぜ満ち足りた平安は人間の至福ではないのか。それは、かつては意味があった「究極目的（Finis ultimus）とか最高善（Summum Bonum）」（p.49）が、すなわち神が、もはや無意味なものとなったからである。われわれは、ホッブズが幸福を表現するのに、happiness を用いずに felicity の語を用いていることに目をとめるべきであろう。happy は好ましいものを手に入れたときの気持ち、好ましい状況に恵まれたときの気持ちを、要するに一つの状態に満ち足りていることを表現するのに対して、felicitate は人を happy にする人間の能動性を意味するのである。究極目的をもはや持たず絶えることなく欲求を持ち続けること、ここに神の手を離れた人間の至福が——そこから生まれる悲惨もまた——存在するのである。

　絶対空間の内にある物体のように、人間はすべて能力（可能性）において平等である。ところが、人間は、物体が運動の可能性を含んでいるように、このように力の欲求を持っており、しかも欲求の現れ方、「ふるまい」はさまざまである。こうして平等な能力はふるまいの多様性を介して互いを敵と見なす力となる。

しかしそうであるならば、能力の平等という仮定はそもそも必要ないのではないか。人間の普遍的傾向性である力の欲求からただちに戦争状態を導き出せばよいのではないか。なぜ能力の平等を仮定する必要があったのか。ここにこそ、自然状態と暴力が近代特有の思想である根拠がある。もし能力の平等という前提を欠いた単なる戦争状態を想定するならば、そのような状態は人間にとって忍従すべき運命としてあるか、あるいは人びとはそれが自分たちに無縁なしたがって自分たちの責任の及ばない摂理として受け取ることになるであろう。能力の平等が仮定されることによって、暴力の主体がほかならぬ人間であり、暴力は人為のもの、人間事象に固有のもの、人間が人間自身にふるう力と理解されるのである。暴力は決して天然自然のものでも神的なものでもなくなり、そして暴力の克服が人間に求められ、そのための組織が国家として構想されるのである。

しかし、能力の平等という仮定は自然状態にもう一つの性格を与えた。平等であり、すべての人がすべての人に敵対することは、特定の他者を持たないあるいは持ち得ず、相手は誰でもよく、それゆえ誰でもないという状態をもたらすのである。ホッブズの戦争状態はその状態と矛盾しつつも切り離すことのできない特徴を持つことになる。彼は戦争状態について第一三章で次のように言う。

> そこ（戦争状態）のもっとも悪いことは、絶えざる恐怖と、暴力による死の危険があることである。そして、人生は、孤独で（solitary）、貧しく、汚らしくて、残忍で、短い。これらの事情を十分に考えたことのない人は、自然がこのように人びとを引き離し、互いに侵略させたり、滅ぼしあったりさせたりするのが、理解しがたいであろう。（p.65）

戦争状態はすべての人がすべての人に対して敵同士であり、闘いが常態なのだが、その闘いは連合を作ることはない。闘いは孤独になされ、孤独を深くするのである。なぜならば、他者の見えない闘いは味方を作ることはないからである。ホッブズの目は、人間の本質を暴力の内に見て取ると同時に、特定の他者を持たぬこの暴力が深い孤独をも生み出すことに注がれている。

ルソーは自然状態の仮設に対してホッブズよりはるかに自覚的であった。その自覚はまた、自然状態の本質を、ホッブズの言う暴力よりも、彼がそれに付随して考えていた「孤独」の内に見ることを促した。自然状態を考えることは、『人間不平等起源論（*Discours sur l'origine et les fondemens de l'inégalité parmi les hommes*）』によれば、「神の助けなしに、ただ自分［人間］の手だけに委ねられていたとしたら、人類はどうなっていたであろうか」（*Œuvre complètes Tome III, Bibliothèque de la Pléiade*, p.133）という疑問に答えを見出し、神の手を離れている人間の自然（本性）を明らかにすることにほかならない。その方法論は、自然学者が世界の生成について行う推論に似ているのであり、「歴史的事実を追究するものではなく、ただ仮設的で条件的な推論にすぎない」（p.133）のである。そして、この推論の条件（前提）となるものは、ルソーの場合、理性に先立って人間の魂に存在している二つの原理、すなわち、人間の「自己保存（conservation）」と「憐憫の情（commisération）」である（p.126）。この二つの原理は彼がただ自分の心の内からのみ取り出すことのできた理想すなわちイデアである。そのようなルソーからすれば、これまで自然状態を論じてきた哲学者たちは、ホッブズも含めて、人間本性を経験から帰納しているのであり、重大な方法的過ちを犯していることになる。

結局、みんな、たえず欲求とか、貪欲とか、抑圧とか、情欲とか、傲慢とかについて語って、社会のなかで獲得した観念を自然状態の内に持ち込んでおり、森の人（l'Homme Sauvage）について語っているにもかかわらず、都市の人（l'Homme Civil）を描いているのである。(p.132)

ルソーはホッブズを名指しして、その戦争としての自然状態の考えを批判する。

ホッブズは自然権についての近代のあらゆる定義の欠陥を非常によく見抜いている。けれども彼が自分の定義から導いた結論は、彼がやはり自然権を間違った意味に取っていることを示している。この著者は自分の確立した原理に基づいて推論するならば、次のように言うべきであった。自然状態はわれわれの自己保存への配慮が他人の自己保存にとってもっとも害を及ぼすことの少ない状態なのだから、この状態はもっとも平和で、人類にもっとも適した状態である、と。ところが彼は正反対のことを言っている。それは、不適切にも、森の人の自己保存の配慮のなかに、数多くの情念を満足させたいという欲求を入れ込んでしまったからである。しかし、それらの情念は社会の産物なのであり、それらこそ法律を必要とさせた当のものなのである。(p.153)

ホッブズの自然状態は、平等ならざる社会に不可避なさまざまの悪を凝縮して読み込んだ、いわば社会状態の縮図と見なされるのである。この指摘は、ホッブズ自身、自然状態の例として、寝るときにはドアに鍵を掛けること(p.65）などというまさに社会生活の悪を挙げているのだから、当たっているであろう。それに対して、ルソーの自然状態は、社会の悪を——社会性そのものが彼には悪と映っている——徹底的に引き去った、いわば社会状態の陰画である。思考実験としては、ルソーの描く自然状態の方が純粋であり徹底している。その仮設的推論の結果、彼の自然状態は、ホッブズと正反対に、平和の状態として現れてくる。二人は自然状態を理性の行使に先立つ状態とする点では共通しており、ホッブズの「能力の平等」はルソーの「自己保存」と同じ働きをすると考えてよいであろう。異なるのは、ホッブズの「力の欲求」をルソーは社会状態における悪と見なし、その代わりに「憐憫の情」を置いた点である。したがって、ルソーは言う、「理性の行使を妨げているその同じ原因［ホッブズでは力の欲求であるが、ルソーでは憐憫の情］が同時に力の乱用をも妨げているのである。ホッブズはそのことに気づかなかった。」(p.154)

たしかにこの相違は大きい。しかし私には、二人が共通して見失っているものがあるように思われる。それが、この相違にもかかわらず、暴力と孤独とを結びつけるものとなるのである。その点を指摘する前に、いったい「森の人」はどのように生きているのか、ルソーの言うところを聞いてみよう。その記述を読む度ごとに、私は、共感しつつもどこかに違和感を覚える奇妙な感懐にとらわれる。

森の人は「一本の樫の木の下で空腹を満たし、最初に行き当たった小川で渇きを癒し、食べ物を与えてくれたその同じ木の根元に寝場所を見つけ、それですっかり欲求は満たされる。」(p.135)

一人っきりで、何もすることがなく、危険と隣り合わせの森の人は、眠るのが好きで、その眠りは、動物たちと同じように、浅いものに違いない。動物たちはほとんどものを考えないから、考えないときはずっと眠っているのだろう。(p.140)

動物に交じって森のなかに散らばって暮らしている人類がいったいどんな進歩をするというのか。決まった住まいもなく、互いに他人を全く必要とせず、おそらく一生に二度出会うこともなく、知り合いになることも言葉を交わすこともないような人間たちが、いったいどの程度まで相互に啓発し合い自己を完成させてゆくことが可能なのであろうか。(p.146)

各人は、家も掘っ立て小屋も、いかなる所有物も持たず、その日その日の風の吹き回しで、しばしばたった一晩の宿りのために居を定めていたのだ。男と女は、偶然に出会い、機会が生じるままに、欲望によって結ばれ、言葉はお互いに語らねばならないことを伝えるために必要なものではなかった。彼らは出会ったときと同じように素っ気なく別れた。(p.147)

このような原初の状態において、なぜ人間が、猿や狼がその仲間を必要とする以上に、他の人間を必要とするのか、想像することができない。(p.151)

われわれはこの森の人を見て、ヴォルテールのように、四つん這いになって歩きたくなるであろうか。生きること以上の欲望を持たず、したがって生きることの余剰から生まれる楽しみも喜びも知らず、他人《ひと》知れず生き死んでいくことは、あまりにも惨めではないか。ルソーもまた、森の人をここまで描写してきて、「惨め(misérable)」(p.152)という言葉に思い当たる。しかし、惨めという言葉は生きることの余剰のうちに暮らす都市の人の感情である。人生の楽しみや喜びを知らぬ森の人の「惨めさ」とは、楽しみは不安に、喜びは苦悩につながるものなのだから、それはかえって一切の不安と苦悩から免れていることである。楽しみと喜び同様に、不安と苦悩は社会の内にだけ、他人との関わりにおいてだけ生まれてくる感情である。ルソーは、森に生きる孤独と自由を選ぶか、それとも都市に生きる喜びと苦悩を選ぶか、選択を迫るのである。

器用でもなく、言葉を発することもなく、住まいもなく、戦争もなく、交際もなく、同胞に危害を加えることを少しも望まないのと同じように、同胞を少しも必要とせず、おそらく同胞の誰一人見分けることもなく、森のなかを彷徨い歩き、森の人はほとんど情念に支配されることなく、自分一人に満ち足りていた。(pp.159–160)

次々に現れる「……なしに（sans）」という言葉は、社会性を成り立たせている条件を消去することによってのみ、理想の自然状態すなわち「自分一人に満ち足りる」ことを実現させうることを示している。第二部の結論で、ルソーは次のように書いている。

森の人は自分自身のなかに生きている。社会の人はいつも自分の外にいて、他人の意見のなかでしか生きられない。いわば彼は他人の判断だけから自分の存在感情を得てくるのである。(p.193)

ここまで書いてきて、私が強く感じる疑問は、「憐憫の情」の存在である。「同胞の誰一人見分けることもなく」暮らしている森の人の心のどこに、いったい「憐憫の情」が存在するというのであろうか。そもそも他人を必要としない人間が他人に同情の念を持ちうるものであろうか。「自分一人」という自己保存の感情を強調すればするほど、もう一つの原理である憐憫の情の占める場所はなくなるといわざるを得ない。ルソーは憐憫の情として、屠殺場に引かれてゆく仲間を見て悲しげな泣き声を上げる牛馬の例を挙げているが、これはむしろ人間の社交感情を自然の内に投影しているにすぎないではないか。

　ホッブズは能力の平等と力の欲求という二つの原理から「すべての人がすべての人に敵対している」戦争状態を推論した。それに対して、ルソーは「一人っきり」でいる自己保存と憐憫の情から平和な自然状態を導き出した。しかし、ルソーの憐憫は特定の誰かに向けられるものではあり得ず、せいぜい万人に対するものにすぎない。森の人は他人を全く必要としないのであるから。特定の人に向けられたものではない憐憫とはいったい何であろうか。それは、すべての人がすべての人に対して敵対しない、あるいは、すべての人がすべての人に無関心でいる、という消極的な意味を持つだけであろう。このような万人に対する憐憫というもの、普遍的で抽象的な同情というものが考えられるのは、森の人は他者を必要としないからこそである。ルソーの憐憫は他者に対して無関心でいることにすぎないであろう。憐憫の情はホッブズの力の欲求と正反対のように見えるが、実際は憐憫とは自己保存のために、他者から目を反らし、自己へと目を向けようとする欲求であり、その意味で、ホッブズの力の欲求の裏返しと考えるべきではないであろうか。

　ホッブズの自然人は「すべての人がすべての人に敵対する」自然状態のなかで、「誰でもよい」敵を見つけるために不断に動き回っている。ルソーの森の人はすべての人がすべての人に無関心な自然状態のなかで、「誰でもない」ものとして「一人っきり」で平安に生きている。この暴力と孤独は、ある事柄の表と裏、切っても切れない両面なのである。その事柄とは他者を持ち得ない状況のことである。自然状態という仮定は、人間を経験や歴史から切り離して均質な絶対空間に置くことであり、そうして人間はその空間の内で互いに区別されない「すべての内の一人」という抽象性によって点のように生きており、ある場合は無目的に動き回り、ある場合は静止したままでいる。

自然状態という思考実験は、ホッブズにおいては暴力を、ルソーにおいては孤独を、人間の本質として明らかにした。ホッブズは人間の本質としての暴力を初めて明るみに出したのだが、暴力は解消されることなく、主権者（リヴァイアサン）の内にはるかに強力に生き残ることになる。自然状態はルソーにおいて暴力の裏面としての孤独を、人間性の本質として如実に描いてみせたが、ルソーの一般意志は孤独を解消するものではなく、かえってますます人間の孤独を深めるものとなる。一般意志は各人が内なる敵である自己利益を放棄するという負の共通性によって成立するのであり、すべての人がすべての人に自分の社会性を全面的に譲渡することによって共同体が成立するのであるが、その負の積算は圧倒的な主権的暴力を生み出すことになる。そこには森の人を育んでいた樫の木も小川もなく、残っているのは各人の肉体だけになる。自然状態は他者という観念を全面的に排除することによって成り立ったのであり、そしてその空間の内で暴力と孤独は他者を持ち得ぬがゆえに生じた。したがって近代の自然状態の仮説が排斥し残した課題は「他者」についての理解である。

三　理念と暴力

自然状態という近代法理論の仮説はヘーゲルにとっては「でっちあげ」であり、虚構にすぎない。ホッブズもルソーも自然状態が虚構であることは自覚していたが、彼らはその神話に新しい社会理論を作りうる積極的意味を持たせたのである。ところが、ヘーゲルにとっては自然状態の仮説は何らの意義も持たないのであり、それは単に「そこから抜け出すべき」（『エンテュクロペディー（*Enzyklopädie*）』§ 502）ものにすぎない。たしかに彼は、ホッブズ同様、自然状態を「野蛮（Gewalttätigkeit）と不法の状態」（ibid.）としているが、野蛮とは人間の本性をいうものではない。

「自然（Natur）」の語には本性すなわち概念からしてという意味と直接的で理性を欠いているという二つの意味があるが、ヘーゲルが自然状態を「抜け出すべき」ものだというのは後者の意味においてである。直接的なものは思考にとっては無意味であり、われわれもまた早々にそこを立ち退かねばならない。仮定の直接性には、ルソーの孤独も含めて、いかなる真理も見出し得ないのである。

　ホッブズの戦争状態に類似したものをヘーゲルのうちに強いて見つけるならば、それは承認を目指して相争う二つの主観の闘争であろう。「相互に関係し合う二つの自己意識的な主観は、直接的定在を持つがゆえに、自然的肉体的な主観であり、したがって疎遠な暴力に屈服する事物という在り方で現存し、そのようなものとして相争う。」（§431）しかし、ここで承認をめぐって闘う者は、ホッブズのように誰でもよい者が誰でもよい者に対する万人の万人に対する闘いでもなければ、もちろんルソーのような誰でもないひとりぼっちの人間でもない。闘う者は、ヘーゲルの場合既に「自己意識的な主観」とされるのであるから、特定の他者という性格をもって現れてくる。しかし同時に、彼らは肉体という直接的な（自然な）在り方に規定されているがゆえに、「疎遠な暴力」に屈服するというのである。そこで、ヘーゲルの暴力論を考えるためにはまずこの「疎遠（fremd）」と形容される暴力の規定を理解しなければならない。

　ヘーゲルは暴力を、単に精神的なもの、共同体的なものに限らず、存在するものすべての内にある本性として存在論的にとらえようとする。例えば、この机を棒で叩けば（暴力を加えれば）、音を出す。その音はまるで机の発する嘆き声のようである。「この響き（Klang）は他者から暴力を蒙った理念（Idee）の発する嘆き声（Klage）であるが、しかしそれはまた、理念は暴力を蒙ってもなお自己を保つことを示しているのであり、そうして暴力に勝ったのである。」（§300）響きと嘆きの言葉遊びを楽しみつつ、ヘーゲルは疎遠な他者から蒙る暴力に対する反作用が実は存在するもの自身の内発的な作用であり、それは暴力を蒙ることによって自らの理念を明らかにするものだと指摘しているのである。――「嘆き」は理念の声であるよりも、思惟の暴力（強制）を受けている存在物の悲鳴かもしれないが。

この作用と反作用はヘーゲルの暴力概念を理解するためにもっとも重要なカテゴリーである。そこで、『大論理学（*Wissenschaft der Logik*）』第二巻「本質論」の最終章「交互作用（作用と反作用）」を取り上げて、ヘーゲルの暴力の存在論を明らかにしよう。そこで述べられていることは、暴力が力の現れであること、実体（存在するもの）は暴力を蒙って初めてそれに内在している理念を明らかにすること、この二点である。検討する文章はきわめて複雑で長いものなので、［ ］によって言葉を補うとともに、予め二つのことを簡単に指摘しておきたい。一つは「力」と呼ばれるもののヘーゲルにおける用法であり、もう一つは「交互作用」の体系上の意味である。

ヘーゲルは広く力を意味する概念としてKraft（自然力）、Macht（狭義の力）、Gewalt（暴力）の三つを用いる。自然力は力と用法の重なることもあるが、一般に自然的事物について言われ、実体の変化と運動の原因とされる。私は自然的存在として歩く能力を持っている。これはまだ自然力ではない。雑踏のなかで歩くことが阻止されるような場合に、その抵抗を乗り越えようとするとき自然力が発揮される。自然力は（狭義の力も同じであるが）単なる能力ではなく、能力の外化した在り方である。そして、狭義の力は実体（存在するもの）の内的本質、理念を意味する。それはまた、政治権力の意味でも使われるが、立法権（gesetzgebende Gewalt）のように実定的になった権力は外部から働くものとして存在するから暴力の語が使われる。したがって、狭義の力と暴力との違いは、それが実体の内部の働きか、外部のものからの働きかけか、という形式の違いにある。

第二に、「作用と反作用」の体系上の役割について。「本質論」全体の主題は近代に勃興した自然科学の批判的解釈にある。自然科学の世界は「法則」（Gesetz、すなわち人間が措定したもの das Gesetzte）に支配される――法則を措定したものも人間自身であるから、自らが自らを支配することでもある——必然性の世界である。法則とは何らかの存在を前提してそれに必然性を付与するものであるが、この存在の直接性——ニュートンの絶対空間、ホッブズやルソーの自然状態、カントの物自体など——が残されている限り、人間は自由であるとはいえない。次の第三巻「概念論」は、この存在の直接性が止揚された場面で、人間の自由な活動を、「概念的に把握する」——存在するものの理念すなわち目的を見つける——論理、つまり目的論という媒介の論理によって、展開するものである。以下の引用文は本質論から概念論への移行を促す箇所であり、必然性から自由への転換を論じるものであって、この転換をもたらすものがほかならぬ暴力である。法則という必然性の論理は因果論から成る。ある事柄を因果的に考えるとは、その事柄を何らかの原因の結果と見なして、その事柄の内に原因と結果との同一性を探究することである。例えば、「雨が湿気をもたらした」という因果性の主張は、湿気（結果）が太陽によってではなく、雨（原因）によって生じたというのである。しかし、雨も湿気もともに水であるのだから、この命題は「水が水をもたらした」という同語反復にすぎない。ヘーゲルは、因果論というものは単なる同語反復か、あるいは、どこまでも原因を追求する無限後退やどこまでも結果を見出そうとする無限前進に陥ると指摘するのである。では、因果論のどこに欠陥があるのか。それは原因と結果という形式の違いにどこまでも固執する点にある。すなわち、原因と結果が同一の「力」の現れの相違にすぎないことを見抜くことができない点にある。別の言い方をすれば、「水」という直接的存在を止揚することができない点にある。

その欠陥を解消しようとするのが次の引用文である。存在の直接性を止揚することによって、因果論から目的論へ、必然性から自由へと転換させるものは、以下に述べられるように、暴力である。存在の直接性を否定し得るものは同じく直接的な暴力以外にはあり得ないからである。——ここで問題とされるのは因果論から交互作用（同一事物の内で原因―結果の関係を考えること）への推移であるが、例えば主人と奴隷との承認関係についても同じことが言える。闘い合う二人のあいだに承認を成立させるのは、単に観念にすぎない社会契約のようなものではなく、二人の存在の直接性（生命）を否定する死という（直接的な）暴力である。暴力なくしては承認は成立しない。なぜなら、承認とはそもそも自分の存在の直接性を放棄することなのだから。

> その限り［因果論のように原因の作用とそれの対象とが異なる限り］、それ［原因の作用を蒙るもの、受動的実体］は暴力を蒙る。――暴力は力の現れ（die Erscheinung der Macht）である、言い換えれば、外的なものとしてある力（die Macht als Äußerliches）である。しかし、力が外的なものとしてあるのは、原因である実体が作用するとき、つまり、自分自身を［原因として］措定するとき、それが同時に［自分自身を］前提する、すなわち、止揚されるものとして自分自身を措定する限りにおいてである。したがって逆の言い方をすれば、暴力の働きは力の働きでもある。暴力をふるう原因のその相手［結果となるもの］は、原因自身が前提した［自分自身である］他者にほかならないのである。つまり、原因がその他者［結果］へ働きかけるということは自己へ否定的に関係することである。あるいはその原因が自分自身を開示することである。受動的なもの［原因の作用を受けるもの］は自立的なもの［と見られたの］だが、［原因が］措定したものにほかならず、［措定されたものであるから既に］自分自身の内で二分されているものである、――これが［普通には力を］制約する［ものとされる］現実である。しかも今やこの制約［現実］は真の在り方をしている、つまり、ただそうであり得るという現実である。逆の言い方をすれば［現実の反対語を使えば］、それは即自存在であり、即自存在という規定性にすぎず、受動的なものにすぎない。したがって、暴力を蒙るものにとっては、暴力を加えられることはそういうこともあり得るというのではなく、暴

力を加えられることから逃れ得ないのである。他者に暴力を及ぼす［他者を支配する］ものが暴力を有するのはなぜかと言えば、暴力を蒙ることによって他者［自身］の力［が現れ出る］からであり、他者の力は暴力を蒙ることによって他者自身を開示するのである。受動的な実体［他者、原因の作用を蒙るもの］はただ暴力を蒙ることによってのみ、真理においてあるものとして措定されるのである。つまり、受動的実体は単純に実在しているものあるいは直接的な実体ではあるが、まさにそれゆえにこそ単に措定されたものにすぎないという真理が［暴力を蒙ることによって］措定されたのである。受動的実体は［原因の働きを］制約［するもの］として予め［与えられているものであるが］、この予めとは直接性の仮象［虚構］であって、因果性の働きを通してこの仮象は受動的実体からはぎ取られたのである。それゆえ、受動的実体は他者からの暴力を受けることによってのみそれの権利が与えられる。それが［暴力を受けて］失ったものは以前持っていた直接性、それにとって疎遠な実体性であり、それが［暴力という］疎遠なものから獲得するもの、すなわち、被措定有として規定されること、これこそが受動的実体本来の規定なのである。（Werke（Suhrkamp）Bd. 6, S.235）

暴力は他者から蒙るものと一般に考えられているが、ヘーゲルは、暴力は、限定されて存在するものが自分を否定する力だと言うのである。存在するものが暴力を蒙ることは、それが真の存在になるための避けられない必然性である。なぜなら、暴力とは、存在するもの自身の内なる力の現れであるからであり、存在するもの自身が自分に否定的に関係することにほかならないからである。そうして暴力を蒙ることによってのみ、存在するものはその直接性、有限性を止揚し、真の姿で現れてくる。力の現れとは、力（理念）とはそもそも現れるものであること、しかも自分の他者としてのみ現れることであり、この他者という様相において現れる理念の力が暴力なのである。

一般化して言えば、存在するものが存在していること、それが然々《しかじか》のものであるという規定性を持って存在していることは、それが暴力を蒙り解体してゆく必然性の内にあるということである。したがって、ヘーゲルはその時代の分裂と解体を視野に入れつつ、『精神現象学（Phänomenologie des Geistes）』の「序論」で次のように言っている。

> 規定性が解体してゆくのはそれが他者と関わるからであり、その解体の運動は規定性にとっては疎遠な暴力が加えられた［かのように思われる］。しかし、規定性はそれ自身の内に自分の他者的な在り方を持っているのであり、［解体することは］自己の運動にほかならない。（Werke Bd. 3, S.54）

その「緒論」では、暴力の働きを蒙る意識の不安が語られる。

> 意識は、取るに足らぬ満足は打ち破れという暴力を、それ自身の内から内発的に蒙る。この暴力を感じて、意識は不安になり、真理を前にしてたじろぎ、失われゆくものにしがみつくかもしれない。しかし意識の不安は安らぎを見出すことはできない。（ibid. S.58）

意識に不安をもたらす内発的な暴力とは何であろうか。先に、力は内発的なものであるのに対して、暴力は他者から蒙るものである、と言った。すると、「内発的な暴力」とは形容矛盾であるかのように見える。しかし引用文にもあるように、意識にしろ存在するものにしろ、他者を内に持つものとされている。したがって、存在するものは自らの内なる他者から暴力を受けるのであり、そうしてそれの直接的な在り方が解体され、真理において在るものとなる。

では、「真理」――ヘーゲルはこれを理念（Idee）と呼ぶ――とは何であろうか。彼においては理念は意志の活動と考えられる。理念は自分を実現するために目的を措定し、その目的を存在するものの内で実現するために、自らを他者となす。他者とは理念自身の他者的な在り方を指すのであり、この理念の力が存在するものにとって暴力として現れるのである。しかし、存在するものは理念の他者的な在り方そのものであるから、それが蒙る暴力は他者自身の自己否定（解体）の力なのである。ヘーゲルのこの論理は、理念を、どこか彼岸に存在するものあるいは認識の規制原理として見ることではなく、意志として、それが自己を実現する目的論的な運動として見ることである。意志は何事かを為さんという内発的なものであり、その運動の根拠として自己以外のものを持たず、自ら始めることである。意志としての理念は、自らを一度自らの他者として外化し、その他者が自らを止揚するに任せ（ここに暴力が働く）、再び自己に戻るという円環的な活動である。

根拠を持たず、無のなかで、自ら始める意志としての理念、その直接性が、自然状態の虚構の直接性に取って代わったのである。理念の活動は存在の継起、過程の内に現れるのであり、そのエレメントは空間ではなく、時間である。暴力は自然状態においてではなく、歴史の内に、理念の力の外化として現れるのである。空間はヘーゲルにとっては理念の克服されるべき他者的な在り方にすぎない。ヘーゲルの暴力論は自然状態の仮説が見失った他者を、理念の他者として復活させた。それと同時に、暴力は空間においてではなく、時間の経過のなかで、存在するものが自らの理念を自覚するための必然的な契機となった。

他者としての理念、理念の力の現れとしての暴力、この考えの淵源を辿ると、青年ヘーゲルの無限概念との格闘に行き着く。ヘーゲルはキリスト教的宗教を有限者から無限者への高揚と理解した。しかし、無限者が有限者に対立している限り、それも一つの有限者にすぎず、真の高揚とはいえない。無限者は有限者に対立するのみならず、有限者を覆って、有限者の内に力として臨在していなければならない。有限者に対して他者として対立するとともに、有限者の内にそれ自身の力として存在することによって、真の無限が論理化されるのである。この力は有限者にとっては疎遠な他者であるから、暴力として体験される。ヘーゲルの無限はアリストテレスの可能的無限やユークリッドの欠如的無限ではない。あるいは、世界を単に神の似姿としてとらえるような神の無限でもなく、また汎神論的無限でもない。ヘーゲルの無限がそれらと異なるのは、まさに無限（神）が有限者にとって暴力として体験されるからである。すなわち、有限者に対して、否定的なもの、他者として現れてくるからである。その意味で、ヘーゲルの無限はクザーヌスの言う否定的無限であり、その否定性が暴力と呼ばれるのである。

ヘーゲルの暴力の存在論について述べてきたが、私は、明確に主題化されているのではないが、ヘーゲルにはもう一つの、ある意味で正反対の、人間の主体性を強調した暴力論があるように思われる。それは、暴力の歴史論とでも呼ぶべきもので、人間は理念の暴力を蒙るものではなく、逆にむしろ人間が理念に対して暴力を行使するという考えである。この考えは、彼の生きた時代、近代をどのようにとらえるかという彼の歴史観と関連している。ヘーゲルは近代を『精神現象学』において「自己疎外的精神」すなわち「教養（Bildung）」の時代としてとらえる。自己疎外的精神とは、直接にある世界（ギリシャの人倫の世界）ではなく、人間が自らを疎外し自ら作り上げる世界という意味である。その点に限れば、近代とは自然的自己を止揚することによって人間が自ら形成した世界であり、直接的な世界である「自然状態」の否定によって政治社会を作り上げるという社会契約の思想と似ている。しかし、ヘーゲルにとって「自然状態」という仮定は無意味であった。その代わりに、近代の個人は「教養」という意志的活動を通して社会を作りうるのである。教養とは個人が自らの自然的在り方を疎外することである（暴力を形容するものであった「疎遠（fremd）」の語は、個人が自らを疎外する（entfremden）人間の力に取って代わられる）。言い換えれば、自らの実体（理念）は与えられたものではなく、自らを疎外することによって自ら獲得するものであり、自らの外化以外にその実体はあり得ないことを自覚することである。暴力は近代においては個人が行使するものなのである。

実体を支配し、そうして実体を止揚する、個人の暴力として現れてくるものは、実体が現実となることと同じことである。なぜなら、個人の力は、個人が実体に自分を適合させること、すなわち、個人が自分の自己を外化し、そうして自分を対象的に存在する実体として措定することのうちに存するのだから。(ibid. S.365)

ここでは、暴力は個人が実体に行使するものであり、実体（理念）は個人にとってもはや他者ではなく、自己の力そのものなのである。理念の力の現れが暴力なのではなく、個人の暴力が力であり得るのは、近代においてはもはや外的実体は無となっており――絶対空間や自然状態という無としてあり――、個人は自らが抱く概念（自体的なもの）を抵抗なしに現実的なものとすることができるからであり、それゆえもはや否定的無限としての神を必要としないと思われたからである。個人が自分の世界を作りうるというのは自らを疎外することによってであるが、自己を疎外するとは、その自然的特性を廃棄し、自己を誰でもありかつ誰でもない「一般者」となすことによってである。こうしてヘーゲルにおいても「平等（Gleichheit）」(ibid. S.363) を前提とする近代の政治社会が考えられることになる。しかし、平等とは差異を止揚することであるから、ここでは再び他者は存在しなくなる。人間は自らを疎外し、暴力を自らの力として獲得することになれば、暴力が持っていた疎遠性を失い、したがって他者をも失うことになる。

四　現れの空間と暴力

ホッブズとルソーは「自然状態」という虚構の空間の内で暴力と孤独が生成したと考えた。ヘーゲルはこの空間の実在性を否定する。彼にとっては、自然状態という空間は力としての理念がそれ本来と違った他の在り方をしている状態にほかならず、理念は自ら暴力として現れるのであり、現れるとは自ら他者となることであり、そして自らの他者性を克服して、自らに戻るのである。理念が自ら他者となり、暴力をふるってその他者性を否定して自己に戻る、この変化と回帰は、継起であるから、もはや並存の場である空間の内では起こり得ない。ヘーゲルの理念と暴力は時間的なものとして歴史の内に現れるのである。

アーレントは、ヘーゲルに対抗して、人間の本質としての空間を復活させた。それは「現れの空間」あるいは「人と人とのあいだ」と呼ばれる。この現れは、ヘーゲルのように実体的な力（理念）が現れることではない。また普通に言われるように、それまで目に見えなかったものが見えてくることではない、神が顕現することでも、自然物の隠れた性質が発現することでもない。アーレントの言う現れは力としての現れではなく、現れてくるもの無き現れ、強いて言えば、存在の（としての）現れである。世界に住まうこと、すなわち人間として生きることは、世界に現れていることにほかならないからである。人間とは、そして人間のみが、存在することと現れていることとが同一のものである。存在の背後に存在の根拠（不可知の力）を想定しないこと、こうして現れることと存在することとが一致している、すなわち自由であるところの、空間が生まれる。この自由な空間を彼女は「公的空間（公領域）」と呼び、人と人とが自由に直接に関わり合う「人間事象」すなわち（彼女の意味での）権力（Macht）の成立する理想の政治社会と考えたのである。

したがって、現れの空間は、ホッブズやルソーのように始原にあり克服されるべき自然状態であるのではなく、反対に、実現されるべき理想の政治社会と見なされる。そしてアーレントの言う暴力とは、この空間を塞ぐもののことである。現れの空間を塞ぐものは現れ得ぬものであろう。自由な現れの空間は現れ得ぬものを排除することによって維持されるのである。では、彼女にとって現れ得ぬものとは何であろうか。それは、存在と現れとが一致していないもの、存在していてもわれわれに対して現れて来ないもの、すなわち、われわれの思料を超えているものである。われわれの思料を超えている存在とは、それがそれ自身の必然性に従ってのみ存在するものである。つまり、アーレントは暴力の本質を、このように「それ以外の余地を持ち得ないこと」すなわち必然性の内に探ったのであって、力の概念の下で考えたのではない。この必然性の視点から、彼女は、暴力的なもの（現れ得ぬもの）に関わらざるを得ない人間の活動として、生命維持の必然性に縛られる「労働」と、物質の必然性に支配される「製作」を挙げ、さらに、歴史における必然性の暴力として、全体主義の二つのイデオロギー、ナチズムの人種という自然法則とボリシェヴィキズムの階級という歴史法則を指摘するのである。しかし私は、アーレントには現れ得ぬものがもう一つあるように思われる。彼女は「人間《ひと》の心は絶対に分からない」（*Denktagebuch* 1.Band. S.38）と言う。彼女においてもまた他者は理解しがたいもの、現れ得ぬものとして、現れの空間から排除されるのである。他者を排除して成立するこの「現れ」としての空間は、彼女にとっては理想の平等社会であるが、私はむしろ、それはわれわれの住む現代社会を映し出す（ルソーに似た）陰画であり、転倒した自然状態ではないかと考えるのである。

アーレントは暴力を常に権力と対立的に考える。「権力と暴力は同一でないというのでは十分ではない。権力と暴力は対立する。」権力（平等をもたらす政治権力）は現れの空間である「人と人とのあいだ」、人と人との自由な空間を作り維持するものである。自由とは、ヘーゲルのように自らの他者の内で自らとの一致を見つけ出そうとする意志的なものではなく、単に空間的な意味で塞がっていないこと、人と人とのあいだにゆとりのあることである。このゆとりすなわち空間を塞ぐものが暴力である。権力と暴力が対立するのは様相論的意味においてであって、暴力が必然性であったのに対して、権力は可能性である。アーレントは「権力（Macht）」は「可能的（möglich）」と語源を同じくすると言い、「権力は常に潜在的能力」であると考える。権力が「人と人とのあいだ」の公共領域を生み出すには、必然性の軛から解放されていなければならず、その活動に物質や肉体が介在してこざるを得ない労働と製作とは自由であるべき権力を生み出すことはできない。それに対して、人と人とが直接に関係する活動、すなわち行為（具体的には言論）のみが現れの空間を生み出し得るのである。

権力が現れの空間を作る。その空間、人と人とのあいだを保証するものは隠れた根拠ではなく、（アーレントの言う意味での）他者である。人が現れるすなわち人として存在するのは他者に対して立つときのみだからである。人は人に対してのみ現れる。人は物に対しても自分自身に対しても、現れることはない。その人の存在は他者に見られ聞かれる（他者に対している）ことによって初めて獲得される。アーレントは、他者に対して現れ得ぬような主体、すなわち、同時に客体となることのない主体、これはこの世界（公共領域）には存在しないと言う。客体としてのみ存在する主体、主体と客体との同一性は、ヘーゲルならばそこに自ら他者となる理念の運動を見たであろうが、アーレントはその同一性の意味を、主体とはただ客体としてのみ在る、人はただ他者から見られているものとしてのみ存在することと理解した。したがって、人はそれ自身いかなる内面も持たず、ただ表面だけで生きる。表面は厚みを持たないのだから、その内に食い入ることはできない。表面として生きる人間は他者の視線をただ跳ね返し得るのみであり、人と人とは表面と表面の隙間によって距てられるのみである。

アーレントはこのように「他者」について語るが——そして名字（Arendt）には他者（Ander）が含まれているが——、私は、その現れの空間に他者が存在することはできないと思う。「あいだ」を置いてただ表面と表面としてのみ対している者は決して他者ではあり得ない。彼らにはいかなる内容もなく、したがって差異を持つこともないのだから、単なる「誰か（jemand, someone）」であるにすぎない。アーレントにとっては、権力の生まれる人と人とのあいだを保証するものは「多数性」、人が複数いること、他者ならぬいわば多者のいることにすぎない。「政治における理解とは決して他者を理解することではなくて（他者を理解するのは［政治］世界から解き放たれている愛だけだ）、他者に現れてくるがままの共通世界を理解することだ。」（ibid. 2.Band, S.451）（彼女はこの『日記』第二巻では、愛し合う他者を「相手 der Zweite」と呼び、私の言う「多者」に der Andere の語を与えている。（ibid. S.36）アーレントは、政治社会を成立させるために初めから、他者を理解することは諦め放棄しているのである。「人間《ひと》の心は絶対に分からない」ことが大前提であり、そのことを承認した上で、社会をいかにして組織するかを考えるのである。「政治とは最初から、絶対に異なる人びとを、相対的な同等性に目を向けて、組織することである。」（ibid. 1. Band. S.18）「絶対に異なる人びと」とは表面で生きる人びとのことである。彼らは特定の中身を持たぬがゆえに絶対に異なるのであり、複数であることにおいて相対的な同等性、数の大小として算えられる存在となる。ここにはただ数によって区別されるだけの砂粒のごとき孤立した個人と、それらのその時々の集合による偶然の決定があるのみである。こうしてわれわれは再び自然状態に戻ってしまったのである。

アーレントの思想の内にはオプティミズムとペシミズムとの奇妙な共存がある。言論によって実現される（実際はその生活は奴隷に支えられざるを得ないであろう）自由人たちの理想の政治社会という楽天的な考えが、「人間《ひと》の心は絶対に分からない」という彼女の体験に由来する諦念に支えられているのである。過酷な体験を強いた全体主義の本質を、彼女は必然性と可能性との直接的な一致に見出した。選民思想という自然法則と階級史観という歴史法則は、その法則は虚構であるが、その演繹的性格が人びとには抗うことのできない必然として受け取られ、同時にその必然性は、それに従えばいかなる障碍も克服し得るという全能感を与えたのである。そこで、アーレントは全体主義を克服するための論拠を、必然性と可能性との直接的な分離の内に探ったのである。理想の政治社会は純粋な可能性としての権力によって成立すると見なし、その領域から必然性としての暴力を徹底的に排除することによって打ち立てようとしたのである。しかし、可能性としての権力は現実に意味を持ちうるものであろうか。可能性には三つの在り方がある。矛盾をおかさぬという意味での論理的可能性（possibilitas）、自然物が持つ能力という意味での可能性（potentia）、そして、現実の内にある可能性、現実にあるとは何らかの制約を伴うのであるからその制約を排除せんとする意志が選ぶものとしての可能性（poteitas）である。アーレントの権力の本質である可能性は、彼女は物を忌避するがゆえに自然物の能力ではなく、また意志を排除するから社会的力でもない。したがってその権力は単なる論理的可能性にすぎないものとなろう。

そもそもいかなる行為（言論）であれ、物が介入しないものなどありえようか。多数の人間が議論を闘わすのは共同体の実際的な利益に関してであり、そこには必ず物が関わってくるはずである。それに言論に携わる人びと自身、物によって生命を維持しなければならない。アーレントが権力から物を遠ざけ得たのは、他人の生命を維持する労働に関わり他人の生活用品を製作する奴隷の存在を抜きにしては考えられない。さらにまた意志を伴わぬような行為（言論）というものを想像することができるであろうか。意志が存在しなければ、行為する者は自己の同一性を確かめることができない。自分が自分であることを知りうるのは他人の反応だけになる（アーレントが多数性を言うゆえんである）。しかし他人の反応は予測できない。自分の行為を実現させてくれるはずの他者が常に行為の実現を阻む可能性を持っているからである。純粋な可能性としての権力が作る現実の政治は、物と意志（他者）とを排除することによって、方向も支えも失って、偶然の世界になってしまう。現れの空間は現れ得ぬもの（他者）を排除することによって、ここ・今の、瞬間的に現れては消えていく偶然の世界になる。「現れるものはすべて存在する」が正しい命題であっても、その裏命題「現れ得ぬものはすべて存在しない」は正しくない。現れ得ぬものも現れの空間に存在し得るのである。現れるべくして現れ得ぬもの、同じく人間でありながらどうしても理解し得ぬもの、これが他者である。アーレントはこの他者を排除して理想の政治社会を構想したのだが、その社会は近代初頭に仮定された自然状態と変わらない偶然の世界となり、暴力の下地を生み出すことになるであろう。

第二章　暴力概念のひろがり――肉体的苦痛と包摂／排除のあいだ――

太田 明

はじめに――暴力概念のひろがり

暴力をテーマとするたいていの著作で指摘されているように、暴力概念の規定は容易ではない。試みに、いくつかの辞書・事典を繙いてみれば、暴力概念に関しておよそ次のような記述が目にできよう。

まず、暴力は、自然的なもの、生命的・生物的なものから社会関係にまで拡がる力の相関項として捉えられるが、通常は、人間の間の社会関係について言われる。次に暴力は、ある人間が他の人間に身体的な脅威をあたえること、すなわち、身体的な自由を奪うとか、傷害を加えるとか、生命を危険におとしいれるという意図・目的をともなった行為であって、その極限形態は殺害である。しかし、その発現には単なる意思だけではなく、何らかの実在的条件としての道具が必要とされ、とりわけ国家という巨大な装置と暴力との関係が問題になる。また、暴力を発動した場合のその正当性や合法性が問われる。さらに、社会的不平等・搾取やそれを固定化する社会制度をも暴力とみなすかという問題もある。

ここから読み取れるのは、暴力が極めて多義的・多面的な現象であって、それを単純な定義のなかに押し込めることは極めて困難だということである。とすれば、むしろこういったほうが適切かもしれない。暴力はいつもあるのだが、姿やかたちを変え、隠れており、以前には気づかなかったところに紛れ込み、その場所で偽装し、それとは気づかれずにいる。その結果、われわれはつねに同定できるとは限らず、一つの形式で確認できないような流動的な現象に立ち向かわねばならなくなっている。

時間的観点・空間的観点・社会的観点での変化がある。以前には、決して糾弾されなかった行為が今日では暴力と呼ばれる。それだけではなく、誰がどこでどう行為するかに応じて、さまざまなものが暴力と名指しされる。かつては国家の暴力独占が暴力研究や文明化過程における暴力、とりわけ戦争の問題が重要なテーマだった。こうした問題が解決したわけでも消滅したわけではないが、むしろ、今日では社会生活のさまざまな場で偶発的に降りかかってくる些細であるかもしれないが当事者にとっては決定的な暴力に注目が集まりがちである。拳と拳による血みどろになって殴り合うような闘争や戦争はもちろんだが、場合によっては、社会的不平等や搾取、社会的排除までも暴力と感受されるのである。

暴力に一義的な定義を与えることは困難である。むしろ、暴力概念は多次元的に構造化されており、その次元や構造要素への着目の仕方に応じて、われわれは暴力のひろがりを捉えていると考えられる。そこで、第一節では、さまざまに拡張された暴力概念を検討して、その拡張のあり方を検討する。第二節は、その次元と構造要素を取り出し、さらに暴力概念の多次元的な構造を見通すマトリックスを与える。こうした暴力概念の拡張に対しては、人間の「傷つきやすさ」という人間学的基礎に基づいて、暴力概念を肉体に加えられる直接的暴力に限定しようとする論者たちがいる。彼らはこの考えを軸にして「暴力研究の革新」を提唱した。第三節では、この暴力研究における「新旧論争」を概観する。しかし、直接的暴力だけに限定することは、暴力概念をあまりに狭く捉えすぎることにならないか。現代社会においては不可視の実行者による暴力をとらえる概念はまだ必要なのかという問いも生じる。これに関連して、最後に機能的分化社会における包摂／排除と暴力との関係を検討する。

一　暴力概念の拡大

暴力を人間の行為のあるタイプとするならば、暴力概念は〈誰が（主体）－誰かに対して（客体）－何かをする（行為）〉というその形式的構造に対応して捉えられる。この形式の各項にどんな値を代入するかに応じてさまざまな暴力が登場する。日常世界では、主体に「嵐」を、客体に「木」を、行為に「根こそぎにする」を代入しうる。これは「嵐が木を根こそぎにする」という自然の猛威を表現する。これは「自然の暴力」と言ってよいが、今日ではむしろ擬人化された比喩的表現とみなされよう。通常われわれは、主体の位置に人間を、客体の位置に人あるいは事物を、行いには何らかの力ないし力の相関物とその結果を代入することで暴力を捉えている。「ある人物がある人物を殴打（蹴り・殺害）する」、「ある人物が壁を壊す」などである。これが人間の行為一般と区別され、暴力と名指しされるのは、行為の結果が必ず何らかの「被害」や「損害」だからである。この意味で、暴力はつねにその結果に対する否定的な価値評価を伴っている。暴力を力の相関物として捉える場合には、これが最狭義の形式的構造と見なされよう。

しかし、現代社会においてさまざまな人間の行為が暴力として感受されるようになってきたとするならば、それはこの最狭義の形式構造には収まりきれない事象も暴力として捉えられているからである。つまり、最狭義の形式的構造——これを外すことはできない——を中核に置きながら、さまざまに拡張された意味での暴力をその周辺に配置した構造において暴力を捉えているのである。

ところで、暴力概念の拡張はさまざまな形式をとる。心理的暴力、言葉の暴力、子どもや高齢者の虐待、構造的暴力、象徴的暴力、文化的暴力などである。では、どのように拡張されているのだろうか。いくつかの例を見てみよう。

第一に、暴力の客体の拡張による暴力概念の拡大がある。例えば、心理的暴力とは、通常の暴力理解では、結果が客体の身体における被害に焦点づけられているのに対して、結果を客体の「心」の被害に関係づけることでえられる。心を身体のように直接傷害することはできないから、心理的暴力は、必ずしも物理的な力によるものではなく、言葉という媒体を手段とする攻撃（侮辱、侮蔑、不愉快なことを言うことなど）などによって行われる。また、今日的な観点からすれば、環境破壊や自然資源の収奪を、「自然の暴力」とは正反対に、自然に対する人間の「エコロジー的暴力」ということもできよう。

第二に、何らかの力の行使ではなく、むしろ必要な力の「差し控え」が被害をおよぼすことがある。今日、子どもや高齢者に対して必要な保護を行わない放棄は虐待の一形式としての暴力と認められるようになっている。

第三に、暴力の主体すなわち実行者の拡張がある。通常は、個人であれ集団であれ、具体的な人間が実行者として想定されている。それに対して、具体的な人間ではなく、社会的不平等や社会構造、さらに文化・象徴体系・思考習慣などが主体に想定される。典型はガルトゥングが提起した「間接的暴力」ないし「構造的暴力」の概念である。「ある人に対して影響力が行使された結果、彼が現実に肉体的、精神的に実現したものが、彼のもつ潜在的実現可能性を下回った場合、そこには暴力が存在する」（ガルトゥング、一九九一、五頁）。ここには、直接的損害を与えるようなものは誰も登場しない。暴力はシステムの内部に作られ、不平等な権力関係に登場するだけである。この暴力によって個人が直接に殴られ、蹴られ、身体を傷つけられ、殺害されることはない。だが、貧困状態に置かれ、栄養失調に陥り、餓死する可能性は高い。高い文盲率や虚偽と教え込《インドクトリネーション》みによって、知的能力が十分に形成されなかったり、あるいは誤った方向に導かれたりすることもある。ここには、実行者が匿名化されているだけではなく、現状を放置しておくという「差し控え」の要素も含まれている。そして最終的には通常の暴力や心理的暴力と同様の被害が確認されよう。いわば、構造的暴力とは、犠牲者の被害だけが見える顔のない暴力である。

また、文化や思考様式そのものも暴力の主体となりうる。ガルトゥングは構造的暴力の概念の延長上で「文化的暴力」を想定した（ガルトゥング、二〇〇五）。文化暴力とは、直接的暴力あるいは構造的暴力の正当化に利用される文化の一側面であるとした。文化的暴力は、直接的暴力あるいは構造的暴力を正当なものと見えるようにする、あるいは少なくとも不当とは映らないように作用し、この種の暴力を社会的に受容可能にすることを目的にする。バウマンは、両義性《アンビヴァレンス》を消去し、分類による秩序の創出に意を注ぐ近代的思考そのものに暴力の根を見出す。「分類は包摂と排除の行為によって成り立つ（……）。そのような包摂／排除という社会的操作こそが、世界に対して行使され、一定の程度の強制による支えを必要とする暴力行為なのである」(Bauman, 1991, p. 2)。なるほど、分類による秩序そのものは直接的な暴力ではない。しかし、ホロコーストや強制収容所における民族殺戮は、よりよい・より清潔な・より秩序ある世界を構築しようとする試みの背面である。とするならば、分類による秩序の創出という思考そのものが直接的暴力を匿名のうちに支え、正当化していることになる。この場合には、主体に顔がないのはもちろんだが、客体も人間や事物ではない。主体はいわばわれわれの思考のあり方や文化そのものであり、客体は社会的操作や制度であって、前者は後者のあり方をさまざまな形で正当化し、支え、隠蔽するというかたちで作用するのである。

図表1　暴力概念のカテゴリーと構成要素

カテゴリー	関連する次元	次元の基準	次元の構成要素
誰が	主体	行為者としての実行者・犯人	個人・集団・制度・構造
何を	暴力の現象学	被害、傷害、他の効果	個人・事象
どのように	暴力行使のあり方	手段、状況、差し控え	物理的・心理的・象徴的・文化的
誰に	客体	被害者・犠牲者	個人・事象
なぜ	原因と理由	利害・可能性・偶然性	さまざまな理由
何のために	目的と動機	目的性	意図
どうして	正当化模範	規範からの逸脱、規範への同調	適法／違法、正当／不当

出典：Imbusch（2002, S. 37）をもとに作成。

二　暴力概念のマトリックス

前節で確認したように、暴力概念は多様に拡張される。それは一方でを、暴力概念の一義的な規定を困難にしているが、他方では、暴力概念を構成要素を備えた多次元的な構造と捉えるべきことを予想させる。どの次元のどの要素に着目するかに応じて多様な拡大がなされるのである。では、この暴力概念の構造は、少なくとも形式的には、どのように捉えられるのか。

暴力概念のカテゴリーと構成要素

インブッシュは、最狭義の暴力概念の主体―客体―行為図式を拡大し、暴力概念のカテゴリーとその構造要素を与え、さらに、それをもとに多様な暴力概念相互の意味的な関連を捉えようとする。すなわち、構成要素、意味次元、現象類型などの組合せからなるいわば暴力概念のマトリックスとして提示しようとする試みである(1)。

まず、暴力概念において「誰が暴力を行使するのか」「暴力行使によって何が起きているのか」「暴力はどのようにふるわれるのか」「暴力は誰に向けられるのか」「なぜ暴力はふるわれるのか」「何のために暴力はふるわれるのか」「どうして暴力はふるわれるのか」のカテゴリーが区別され、それに対応する構成要素が割り振られる（図表1）。

誰が暴力を行使するのか

暴力行為の行為者・惹起者、暴力に分類される行為の主体が誰かという問いである。通常は、個人あるいは集団であるが、組織や制度という場合もある。そのような暴力は、相手に対する物理的強制手段を用いた身体的衝突によって要求や期待を一方的に貫徹しようとする。集団や社会運動の場合には、程度の差はあれ、何らかの目的が考えられる。また、組織ないし制度が暴力の主体であるとすると、その暴力の種類はさまざまな質を有することになる。

暴力が行使されるときには何が起きているのか

暴力として理解される行為の存立への問い、そして暴力の具体的な過程への問いである。まず暴力の現象が問われる。次に、暴力の個々の効果や結果である。暴力は他者の身体に関係するから、暴力を被る側の身体性に大きな意味が与えられる。また、暴力の範囲と程度が問題になる。さらに、暴力は常に具体的な時間－空間関係と原則的に段階的構造をもつ。しかし無制限に上昇するわけではなく、客体の死つまり殺害で終わる。

暴力はどのように行使されるのか

暴力の実行形態への問い、およびそこで行使された手段に関する問いである。行使される手段に応じて、暴力行為の経過は違ってくる。必要な力を行使しないことで効果を及ぼすという「差し控え」やコミュニケーションの遮断もここに位置づけられよう。また、暴力行使が一人で行われるのか、集団で行われるのか、あるいはどのような道具や武器を用いて行われるのかが問われる。さらに、実行者と被害者との間にいる傍観者という第三者の立場も問題になる。第三者は暴力を、積極的に助長することも、無関心な態度で接し放置しておくことも、あるいは介入的に働いて抑制したり、阻止したりすることもできるからである。

誰にむけて暴力はふるわれるのか

これは暴力の客体への問いであるが、それは被害を受ける人や被害を受ける事物である。とりわけ人の場合には、暴力を受け、それに苦しみあるいは甘受・忍従しなければならない者、つまり被害者・犠牲者に関する問いである。暴力はさまざまなコンテクストで、さまざまな仕方でふるわれるが、暴力が問題になるところでは、被害者・犠牲者について語らざるをえない。したがって、暴力の主体だけではなく、客体たる被害者・犠牲者への着目が不可欠である。

なぜ暴力がふるわれるのか

まず、抽象的な意味で暴力の原因への問いである。今日では、さまざまに専門分野ごとに違った理論的説明がなされている。例えば、暴力は人間の本能的な攻撃性の発現であるとされたり、社会的学習の成果であると説明されたりする。また、暴力行為の具体的理由への問いである。さまざまな程度の目的合理性、価値合理性あるいは道具的な理由が持ち出される。しかし理由なく不条理に暴力がふるわれることもある。

何のために暴力はふるわれるのか

暴力の目的・意図あるいは動機への問いである。通常、暴力は特定の意図があって初めてふるわれる。その意図は、他者の傷害・危害・殺害などである。だが、暴力の目的性はさまざまな次元に拡がっている。第一に、暴力は激しい感情とともに具体的な状況で生じる。第二に、暴力は合理的に行使されることがある。暴力が目的のための手段として道具的に投入されるかもしれない。第三に暴力には表現的・コミュニケーション的目的がある。この場合、暴力によって相手が困る喜びや、暴力というシンボルによって媒介された快楽に意味が見出される。

どうして暴力はふるわれるのか

これは暴力の正当性と正当化への問いである。暴力行為は事後的にさまざまな正当化がなされるのが常であるが、その正当化は社会の支配的規範に依存する。暴力実行が正当か不当か、適法か違法かは、上位に置づけられた規範と価値や法と無関係ではない。したがって、明らかな上位規範が見出せない国際紛争や戦争の場合、当事者はつねに自らの正当性を主張することになる。

このような暴力概念のカテゴリー・次元・構成要素を区別することで、暴力がつねに複合的事象であることがあらためて確認されよう。暴力とは主体—行為—客体の構造を持つ行為ではあるが、そこには過程性があり、また多様な構造要素が含まれている。暴力概念の拡大は、このように構造要素を明確にし、それぞれに何を代入するかによって、さまざまなかたちを取るのである。

図表2　暴力概念の意味次元

<table>
<tr><th>比喩的な意味
における暴力</th><th colspan="3">暴力の中心的概念
と意味領野</th><th>儀式的な意味
における暴力</th></tr>
<tr><td rowspan="2">暴力という語の
メタファー的使用</td><td colspan="3">文化的暴力
正当化 ↓　弁解 ↓　隠蔽 ↓　権力不可視化 ↓
暴力
さまざまな程度の顕在性と潜在性
さまざまな程度の意図性</td><td rowspan="2">暴力のコミュニケーション的形態

象徴体系
としての暴力</td></tr>
<tr><td>実行者
↓
直接的暴力

物理的・心理的
客体関連
人・事象に対して

可視／隠蔽</td><td>制度
↓
制度的暴力

物理的・心理的
客体関連
合法／違法
正当／不当
進歩的／反動的</td><td>構造
↓
構造的暴力

物理的・心理的
客体関連／客体なし
不可視／隠蔽</td></tr>
</table>

出典：Imbusch（2002, S. 42）をもとに作成。

暴力概念の意味次元

さらにインブッシュは、暴力概念のカテゴリーを基に、さまざまな暴力概念の意味次元のマトリックスを提案する（図表2）。それを通して、さまざまな暴力概念の間の連関を明らかにしようというのである。

まず暴力概念の基礎的区分として直接的暴力・制度的暴力・構造的暴力・文化的ないし象徴的暴力があげられる[2]。その周辺に暴力の比喩的な意味における暴力、儀式的な意味における暴力が付加的に配置される。

比喩的意味における暴力

これは暴力概念の影響を受けたメタファー的概念形象である。つまり、現実の暴力行使ではなく、特別の権力・力・優位をもつ個人の姿をとる現象・状態・印象のメタファー的な言い換えである。例えば、「自然の暴力」、「暴力的な出来事」、「暴力的な建物」

等である。

暴力の中心的意味

① 直接的暴力　暴力概念の中心に、他の人間の被害・傷害・殺害を目的にする直接的な物理的暴力が位置づけられる。この形態の暴力はつねに顕在的であり、たいていは意図的に実行される。ポーピッツ（Popitz, 1992）によれば、暴力の根底には人間の「傷つけられやすさ」（Verletzbarkeit, Vulnerability）、「脆弱さ」（Fragility）という普遍的な人間学的基盤がある。そして、人間は相対的に本能に結びつけられていながら、行為強制と行為抑圧から相対的に解放されている。だから、人間は暴力をふるわないでいることが可能だし、逆にいつでもふるうことができる。さらに、行為の選択肢として暴力はいつでも投入可能であり、熟慮された権力手段を前提しない。暴力は人間的身体の傷つきやすさから帰結するからである。物理的暴力の行使は他者に対して影響を及ぼすことを目的とするが、それは文化的な前提がなくとも普遍的に作用し、理解されなくとも効果を有する。「暴力は、それを物理的暴力と解するのであれば、普遍言語である。その特殊性は、暴力の投入が他の強制手段よりも確実に・無条件に・普遍的に効果を招来し、危急の場合には他のすべてに優先するコントロール装置であり権力メカニズムであるという点である」（Neidhardt, 1986, S.134）。

心理的暴力も物理的暴力以上に著しく深刻である。それは言葉・仕草・イメージ・シンボルあるいは生に必須な事物の剥奪や遮断によってなされ、脅迫や不安によって人を言いなりにさせるのである。また、心理的な残虐行為やある種の拷問は心理的暴力を目的とする。しかし、物理的暴力が堅固な原因－結果の連鎖のもとにあり、その帰結が高度な予測可能であるのに対して、心理的暴力の効果は同じようには予測しがたい。物理的暴力はいつも目に見える明白な被害や傷害の痕跡を残すが、心的暴力は裏で作用し、外には見えない。たいていの場合、効果はその場で直接に現れるのではなく、いわゆる心的外傷《トラウマ》として沈殿し、事後的に現れる。つまり、心理的暴力の効果は拡散的であって、実行者がそれを明白にコントロールできるわけではない。

②**制度的暴力**　制度的暴力は、それが社会的関係の特殊なあり方を記述するだけではなく、継続的な依存関係・支配関係をめざすかぎり、個人の直接的暴力を越えている。それは、まずヒエラルキー的秩序・身分関係において上位者が下位者に対してふるうことが認められている物理的制裁によって支えられた措置権力である。近代における制度的暴力の原型は、国家が個人に対して行う服従要求である。問題になるのは、国家の政府機関や組織、つまり警察や軍隊などいわゆる国家の暴力装置によって行使される暴力の秩序創出機能である。それらの物理的実力行使は暴力と評価される。しかし、制度的暴力の行使が正当か不当かは合法性／違法性と正当性／不当性の基準による。とりわけ警察権の濫用、死刑の拡大、戦争の遂行、暴動の鎮圧、粛清、テロとの戦いなどのケースを想起すれば、明らかであろう。

③**構造的暴力**　既に述べたように、構造的暴力の概念はガルトゥング（一九九一、二〇〇五）による。国際政治の課題が東西冷戦から南北問題に移行するにつれて、ガルトゥングは直接的暴力の概念を補完するものとしてこの概念を導入した。社会構造から帰結し、生存条件の不平等によってもたらされる貧困化と世界規模の大量死に沈殿している状況を把握するためである。暴力は現実的なものと潜在的なもの、つまり現状と特定の社会的発展段階において実現するであろう状態とあいだの差異が原因である。この差異を規定する基準として、グローバル

な豊かさとそれに対応して利用できる知識、さらに資源の不平等な配分、不平等な権力関係、そこから帰結するさまざまな生存機会——貧困・抑圧・疎外など——があげられる。

ところで、もしそうだとすると構造的暴力は、ガルトゥング自身も言うように、「社会的不平等」(ガルトゥング、二〇〇五、六二頁)の別名に過ぎず、あえて「暴力」として理解する必要はないのではないかという疑問が生じる。この概念を無限定に使用すれば、およそ考え得る社会問題のすべてが「暴力」として見えるからである。こうして、構造的暴力の概念は暴力概念のインフレーション傾向の元凶とも目され、暴力概念を広く捉えるべきか、それとも中心の意味次元だけに限定するかという論争の火種となる。この点は、文化的暴力についても言えることであるが、さしあたりここでは構造的暴力も文化的暴力も暴力に含めて全体的な配置を鳥瞰しておく。

④　文化的暴力および象徴的暴力　文化的ないし象徴的暴力の概念はさまざまな内容をもつ。先に見たように、ガルトゥングは文化的暴力の概念を、構造的暴力の概念の延長として定義し、直接的な暴力や違法に制度化された暴力あるいは構造的暴力の正当化に用いられる文化の側面として捉えた。文化的暴力は、暴力の他の形態を正当なものと、すくなくとも不正でないように見せかけ、それを社会にとって受容可能なものにしようとする。それはメディアとして、あるいは宗教・イデオロギー・言語・文化・科学が問われてくる。暴力の事実上のあるいは潜在的な正当化が文化的暴力の標識である(ガルトゥング、二〇〇五)。

同様な議論はピエール・ブルデューの「象徴的暴力」の概念にも見られる(ブルデュー・パスロン、一九九一)。ブルデューは、概念・言語・象徴システムのなかに埋め込まれた暴力を象徴的暴力と名づけた。隠蔽された支配関係の仮面を剥奪し、白日の下にさらすためである。権力関係・支配関係とそこに埋め込まれた暴力構造は、認知されているにしても、もはやその根底まで問うことはできず、容易には見極めがたい。差別と欺瞞はすでに記号と記号システムそのもののなかに組み込まれており、したがって、特定の記号システムに依存し、それを使用する者は不可避的に、しかしそれと知ることなく、象徴的暴力を行使しているからである。

象徴的暴力のもう一つの形式として今日では「憎悪に基づく発言」・「ヘイト・スピーチ」があげられる。暴力を言語ないし文化的表現能力として捉えるものであり、「言語行為としての暴力」といってよい。怒鳴り、罵詈雑言、侮蔑、誹謗中傷、名誉毀損、軽蔑、蔑視、無視、茶化し、侮蔑、中傷などさまざまなかたちをとる。ヘイト・スピーチの場合には、民族差別や性的差別の意図でなされる人間の人格的・倫理的・性的な全一性への侵害が言語とコミュニケーションに埋め込まれている。

儀式的な意味における暴力

暴力の儀式化された形態もまた、暴力のメタファー的転換と同様に、暴力の中心的概念・意味領野からは切り離される。儀式化された暴力として捉えられるのは、コミュニケーション的（社交的）暴力である。形式としては物理的暴力であっても、抵抗の克服や傷害を目的としない。暴力はコミュニケーション、社交、儀式として埋め込まれており、目的はまったく別のところにある。この場合、暴力は本質的に演出であり、実行者の役割・犠牲者という役割は象徴的なものであり、そこに参加するかどうかは当事者の自由意思と対等性に基づいている。

この形式の暴力は、暴力的に儀式化された遊び《プレイ》というべきものである。目的は楽しみの増大であり、いわゆるSM行為のように、快楽の獲得である。また、これはいくつかのスポーツでは本質的な要素でもある。そうしたスポーツでは、暴力活動が競争の実質であって、そこから刺激が得られるからである。

図表3　暴力現象の類型

個人的暴力	集合的暴力	国家的暴力
	政治的暴力	国家の暴力独占
私的領域での暴力	内戦・内乱	独裁と国家テロ
公的領域での暴力		暴力的干渉
	集団の暴力	戦争と戦争犯罪
犯罪的暴力ないし民主制の下では正当と見なされない暴力のさまざまな形態と水準		

出典：Imbusch（2002, 46）をもとに作成。

暴力の現象形態

さらに、暴力は現象形態においても区別される。さきの暴力概念の意味次元と組み合わせることで、暴力概念の特性がより明確になってくる。さしあたり、個人的暴力・集合的暴力・国家的暴力と類型化できるだろうが、実際には重なり合って現象する場合があり、厳密に区分できるわけではない。また、これらの類型を横断する正当性／合法性という区別がある（図表3）。

個人的暴力

暴力の最も一般的な現象形態は個人的暴力である。これは個人あるいは仲間集団における個人が、親密な私的領域にある者に対して、または公共の場で他の個人に対して、行使される。実行者と被害者との間には、必ずというわけではないが、社会的関係が存在する。個人的暴力は、家族・親族・友人・職場の同僚・近隣の人々というように極めて限定された構成員からなる共同体・集団で行使される。したがって、その点を考慮すれば「社会的暴力」と言ってもよい。ドメスティック・バイオレンス（DV）、家庭内暴力、子どもや高齢者の虐待、いじめなども含む、最も身近な暴力である。また、必ずしも人に向けられるだけではなく、器物破損や窃盗のかたちでも表面化する。

集合的暴力

集合的暴力とは、ある目的をもって正当化された指導に従い、一定の範囲での組織性を持ち、社会を挑発する暴力の現象形態である。決定的な次元は集団の大きさである。集合的暴力の場合には一定の規模がなければならない。そうでなければ、単なる非行集団や群衆の暴力（ストリートギャング、フーリガンなど）にすぎない。集合的暴力の典型は、暴動・蜂起・平和的手段によらない大衆行動などであるが、この場合にはテロ・ゲリラ運動・反乱・革命・内戦・国家介入のような政治的暴力との境界は曖昧になる。集合的暴力には、政治的目的を持つ場合も持たない場合もある。両者を画するのは、集団の規模ではなく、行為者たちの意図とそれに対する国家の対応の有無である。政治的暴力は、暴力行使によって達成される目的、つまり政治権力の獲得あるいは支配関係の転換という目的によって特徴づけられる。

国家的暴力

国家的暴力は前二者とは極めて異質である。政治的組織としての国家が問題となるからである。[3] 国家的暴力は、国家による正当な暴力独占から国家テロと戦争にまで極めて多様に広がっているが、あえて単純化すれば、国家の合法的暴力、戦争、秩序維持、独裁を区別できよう。

① 国家の合法的暴力　民主主義的法治国家の暴力独占の形式に現れるような、正当と見なされる国家の合法的暴力である。マックス・ヴェーバーはすでに、強制団体としての国家が暴力の上に築かれていること、そして近代国家は定義上、それに特殊な物理的暴力の手段を有していることを指摘した。正当な国家暴力行使には、少なく

とも抑圧機能と秩序機能が区別される。前者では、犯罪に対する国家機関による犯罪の監視と制裁、実力をともなう政治的抵抗運動や反乱の抑圧が重要である。後者では、暴力によるさまざまな脅迫・威嚇などが正当化される。

②**内戦・内乱**　国内において対立した勢力によって遂行される武力闘争である。支配組織としての国家の形成は、西欧における暴力独占の徹底を含めて、歴史的に一度限りのプロセスであるのみならず、長期的にわたる極めて大きな損害をともなう暴力的対立の結果である。西欧各国もアメリカ合衆国も、もちろん他の国でも同様に、そうした内乱・革命・戦争を経て近代国家の形成がなされた。「戦争が国家をつくり、そして国家が戦争を作った」（チャールズ・ティリー）のである。

③**秩序維持のための暴力的干渉**　犯罪や非正当な暴力との闘争に対する国家機関による秩序維持のための暴力的干渉である。そのためには実にさまざまな干渉手段がとられる。しかし、注意すべきは、国家的暴力のこの形式では合法性と正当性の境界が曖昧であり、国家の行為に合法性と正当性が分離しうる点である。警察力の投入は合法としても、だからといって正当性があると見なされるわけではない。逆に、蜂起や反乱は、はじめはそうでなくとも、市民の多数を占めれば正当化されることがある。

④**独裁と国家テロ**　独裁によって実行される専制的暴力は、国家的暴力独占だけではなく、国家の他の組織や制度（例えば国内への軍事力の投入）によっても支えられており、その暴力をその市民に向ける。過激なコントロ

ール、強制、抑圧、法の無効化を手段とする「柔らかい」独裁と、国民ないし特定の国民部分の抑圧・威圧手段としての直接的暴力、強制、抑圧、迫害、拷問などを手段とする「堅い」独裁とが区別される。しかし、暴力が一貫して政治の手段として投入されるという点で国家テロリズムは単純な独裁からは区別される。国家テロリズムは、体制の敵や敵集団の迫害と殺害に自らを制限せず、拉致・誘拐、拷問・加害、さらに威嚇・恐怖・不安を与えることで目的を達しようとする。このテロリズム的要素は、それが極めて恣意的であり、予測がつかないが、しかし任意にまき散らされるわけではなく、また不合理なほどに過剰となる。

⑤ **戦争と戦争犯罪**　戦争とは、国家の命令による権威的な暴力の実行形態であって、その中心的要素は、国家によって組織され、人間によってなされる虐殺である。あるいは、敵の意志を打ち破るという目的をもって組織され計算された殺人である。第一次および第二次世界大戦と核兵器に見られるように、近代的条件および進歩した技術の投入によって総力戦の様相を呈し、それによって大量虐殺と一面に拡がる破壊がもたらされるようになった。二〇世紀における国家的暴力の犠牲者は社会での個人的暴力や集団的暴力に数倍する。また、近代戦においては暴力のエスカレーションによって戦時国際法が無視され、戦争犯罪の可能性が増大する。一方では、国家における正当な暴力独占は廃棄されていないが、他方では、二〇世紀において自国民に対しても他国民に対しても大規模に不当な暴力をふるったのはまさに国家であった。今日、暴力概念を規定する際、国家の問題を避けて通れない所以である。

正当な暴力と合法的暴力

もう一つの類型化は合法性／違法性、正当性／不当性であり、これまでの諸類型を横断する。問題になっているのは、暴力の規範侵犯とその評価だからである。合法的暴力と違法な暴力を区別することで、民主制の下での正当な暴力と犯罪的暴力が類型化される。ある暴力行為を犯罪的と特徴づける基礎は、その行為を違法とする刑法的規定である。また、犯罪的暴力は二つの形式で現れ、異なった質を有する。犯罪的暴力は、道具的暴力としては、ある特定の目的を達成するための手段である。それに対して、表現的暴力としては、本質的に暴力の表出行動であり、その結果、犠牲者や特定の事柄の実行者のある種の飾りを示している。いかなる行為が暴力として犯罪とされるかは、歴史的な変化の下にあり、暴力に対する感受性とその政治的感覚に依存する。

三　暴力概念の「新旧論争」

前節のような暴力概念の整理が提案される背景には、一九九〇年代のドイツ社会学界における暴力概念をめぐる一種の「新旧論争」、〈主流派《メインストリーマー》〉と〈革新派《イノベーター》〉の間の「奇妙な」論争があった[4]。社会学や近接諸科学の新たな研究とその方法論の影響を受けて従来の暴力研究への批判が生じるとともに、暴力概念の拡大が懸念されたからである。

暴力概念の拡大に対する懸念と限定

先に見たように、暴力概念はさまざまに拡大されてきたが、それによって内容的には空虚化し、その記述力を喪失し、学問的には無意味なものになりかねないとする懸念も拡がった。

なるほど、社会はさまざまな問題に満ちている。だが、それらがみな拡大された「暴力概念でラベリングされ、否定的に評価され、攻撃される。抵抗の過激化はこの概念の膨張によって支えられ正当化される」(Neidhardt, 1986, 117)。あらゆる社会問題が「暴力」の一言に圧縮され、その言葉を用いて社会批判の方向に枠づけられる。つまり、拡大された暴力概念はもはや問題を記述するのではなく、問題をスキャンダルとして取り上げるレッテル、圧縮された包括なシンボルとして機能しているというのである。

これに対する、「暴力研究の革新派」の概念戦略的な対抗手段が、暴力概念をその中心的意味、つまり「物理的暴力」に限定することであった。それに基礎を提供したのが先に触れたポーピッツの古典的研究(Popitz, 1992)であり、革新派の多くがこの暴力概念に拠ることとなった。

ポーピッツの人間学的暴力概念

ポーピッツは、まず「権力は人間の社会形成の最も普遍的な要素である」(ebd., S.21)として、権力との関連で暴力概念を把握する。人間学的にこれ以上還元できない四つの権力の根本形式として、行動権力(Aktionsmacht)、道具的権力(die instrumentelle Macht)、権威的権力(die authoritative Macht)、データを固定する権力(Macht des Datensetzendes)がある。最後のものは人間の一般的能力のひとつであるから、最初の三つが問題になる。まず、行動権力とは「暴力」であり、その基礎は人間が他の人間に対して、その人間を傷つけうるがゆえに権力を行使しうるという点にある。道具的権力とは、持続する権力であり、その基礎は賞罰を与奪する処置権力である。つまり、人間の生の遂行にとって本質的な未来への配慮に基づいて希望と不安を作り出す力である。権威的権力とは、人間の方向づけや基準の必要性から生じるものであって、基準の設定や方向づけを可能にするような能力である。したがって、行動権力すなわち暴力は人間の身体性を構成する空間次元に、道具的権力は時間次元に、権威的権力は社会次元に関連している。

さて、ポーピッツによれば、暴力すなわち「権力のもっとも直接的な形式は純粋な行動権力」である。それは「その意に反して他者に向けられた行為において損害を与える、つまり何らかの危害を加える権力」(ebd. S.43) である。この「傷つける力」は、客体の側で、人間が「傷つきやすさに開かれていること」、「身体や人格の脆弱さとそれに曝されていること」に対応する。こうしてポーピッツは人間をまず「傷つきやすさ」の観点で捉える。しかも、身体的全一性のみならず、その人間の経済的資産やその社会参加、つまり社会的全一性においても同様である。「傷つける力」すなわち「傷つけることができること」と「傷つくことへ開かれていること」すなわち「傷つけられうること」とは対応し、人間のすべての社会形成の基礎的な特徴をなしている。(5)

また、ポーピッツは、暴力概念を階層化して捉える。まず「暴力」は「他者の意図的な身体的傷害に向けてなされる権力行使」である (ebd. S.48)。それが激化すると「絶対的暴力」(absoluter Gewalt) たる「殺害行為」(ebd. S.53) となり、最後には「総体的暴力」(totaler Gewalt)、つまり「行使された暴力の称賛と犠牲者の苦痛への無関心と暴力行使の技術化との結合」にいたる (ebd. S.66)。

こうして、まずポーピッツが展開する暴力概念では、人間の身体的経験によって担われた生存の問題に焦点が当てられる。また人間学的な議論に基づいて、暴力に対する人間の本質的に両義的なあり方を視野に入れられている。この両義性は、「人間は暴力をふるわなければならないわけではないが、いつでもふるうことができるし、殺さなければならないわけではないが、殺しをすることもできる」と表現される。さらに人間の暴力は状況を問わない。「個人であれ集団であれ、共同してであれ分業してであれ、どんな状況ででも、闘いながらであれ、祝祭しながらであれ、さまざまな心境で、怒りながらであれ、怒りがなかろうとも、快楽からであれ、快楽がなかろうとも、〈死のスタイルにおいて〉残虐にも静粛にも、考えうるどんな目的のためにも、どんな人間をも殺すことができる」(ebd., S.50)。なによりも、人間の行為の選択肢には構造的にも経験的にもいかなる限界も見出されない。つまり「人間の暴力関係には限界がない(Entgrenzung)」(ebd., S.48)。こうして、ポーピッツの分析では、人間の暴力の発現を説明するために特殊な非人間化過程の探索は不必要である。「暴力一般と殺害の暴力は特に社会的関係の運用事例でも、社会秩序の派生現象でもない。(……)暴力は(……)つねに存在する人間の行為のひとつの選択肢である。いかなる包括的な社会的秩序も非暴力の前提に基づいてはいない。殺害の権力と犠牲者の無力は陰に陽に社会的共同生活の構造の存立根拠をなしている」(ebd., S.57)。

こうしたポーピッツの議論に依拠しながら、ゾフスキーは生々しく表現する。中心にあるのは「暴力が加えられる人間の身体である。(……)人間に対して暴力の破壊力はその肉体——その骨、器官、臓腑——に降り懸かる。人間は肉体であるから、人間は暴力の犠牲者なのである。身体は暴力に向いており、肉体は暴力に引き渡されている」(Sofsky, 1997, S.103)。また、暴力の分析は暴力行為とその犠牲者にとっての結果から測定されねばならない。「行動・相互行為・葛藤に関してのみを述べる暴力分析というものは、その対象を失し、無害化してしまう。それは暴力が降り懸かってくるものだと考えないからである」(ebd., S.104)。

だから、暴力の中心になるべき問いは〈誰〉〈なぜ〉〈何のために〉ではなく、〈どのようにして〉〈どんな結果をともなうか〉である。苦痛が加えられる過程、暴力のやりとりに固有の力学、加害者と犠牲者の関係における非対称性を含む暴力というテーマは物理的暴力の実行と肉体的苦痛の被害なのである。

従来の暴力研究への不満

ゾフスキーの引用が示すように、革新派による従来の暴力研究への不満とは、暴力研究が「暴力」ではなく「暴力の原因」の研究になっているという点にある。つまり、まず問題として取り上げられ研究対象になるのは、暴力をふるう個人の生活関係や暴力がはびこる社会や文化の不正常さであり、そうした原因に基づいて、社会の危機、個人の社会化や教育の欠如・欠陥、社会心理学的病理が指摘されてきた。しかし、ここでは「暴力」そのものへの問いが欠けている。暴力の原因を探求する従来の暴力研究は、なるほど量的側面には信用がおけるにしても、暴力の本質的諸要素を無視している。つまり、人間の暴力の見境のなさ・限界のなさ、状況への非依存性、暴力のプロセス性、誰もがその対象になりうること、人間の身体性に基づく物理的毀損や肉体的苦痛などが軽視されている。従来の研究ではいわば「原因還元主義」に陥っており、その結果、行為者から主体性が失われ、行為の最終的実行者（および取り巻く観衆）の責任がぼやけさせられてしまうのである。

「新旧論争」の論点

「新旧論争」における革新派と主流派の対立点をインブッシュに従って概略してみよう。(6)

暴力の過程性

主流派が「なぜ」という問いを分析の中心に置き、それに対応する因果性を追求したとすると、革新派は暴力の「なに」と「いかに」という過程性を問題にする。前者が科学的な「説明」的な見方に信頼を置くのに対して、後者は民族学的・人類学的な現象学的「記述」という方法を取る。

暴力の身体性

主流派の規範的な接近では暴力行為ではなく、その前方に位置する原因に目が行くのに対して、革新派は暴力行為のあり方そのものに集中する。革新派は、身体への傷害がどのように行われるか、被害者がどのように苦しむかに集中する。「よく見よ、目を逸らすな」。暴力行為を数量や犯罪統計などを通して知るのは、いわばアクセサリーに目を奪われているだけで、「精神化された、血を見ない」暴力分析を持ち出しているに過ぎない（Nedelmann, 1997, S.62）。暴力において最も注目すべきは「感覚的なものの具体性」である。「暴力とは感覚的経験の総体であって（……）暴力の感覚性の中心にあるのは身体である。暴力とは加害であり、犠牲者の側からすれば、苦痛の甘受である」（von Trotha, 1997b, S.26）。

暴力の無意味

主流派は、暴力行使の動機と実行者の主観的意味内容を追求しようとするが、その場合、暴力の動機や意味が「合理的」に理解可能であるという前提がある。革新派は暴力の根本的な「無意味」ないし「意味の空虚」を指摘する。暴力はまず突発的に降りかかってくる出来事であって、犠牲者にとって理不尽なだけであり、意味はない。意味はせいぜい暴力が登場する配置と過程のなかに確認しうるものにすぎない。暴力は正当化されなくとも、根拠なしに行使され、いかなる機能も果たさない、暴力は意味なく登場するという考えもまたポーピッツに遡る。「多くの権力行動はそれ自身にその意味をもつ」（Popitz, 1992, S.46）のである。

暴力の固有ダイナミクス

主流派は、暴力を因果的意味で説明し、暴力行為の「前」「後」「上半分」「下半分」「外側」の理由から見て動機を追及する。因果−目的論図式による思考が主流派では抜きがたく、その結果、暴力の過程性と力動性《ダイナミクス》を適切に説明できず、それを完全に捉え損なうことになる。革新派はそのような説明図式を放棄するが、暴力には固有の力動性があるとして、その過程をそれ自身から理解しようとする。そこで用いられるのが、「実際的な生活のインフォーマルな論理」、「事物の目に見えない意味」を追跡する「厚い記述」である。

暴力の犠牲者

主流派の研究が行為者中心であり、犠牲者とその苦痛という観点が軽視されているとすれば、先に見たように、革新派は本質的に犠牲者側に立ち、犠牲者が経験する苦痛に注目する。暴力における傷つける力だけを視野に入れることで、暴力の半分しかテーマにしない主流派に対して、革新派は、暴力の諸々の構造要素の布置連関を記述することで、いわば全体像を復元しようとする。

暴力の限界のなさ

この論点は、近代《モデルネ》と暴力がどのような関連にあるかという文明論と暴力の人間学的基盤とに関連し、文化的存在としての人間の評価に関わっている。文明化の過程で暴力——より広く言えば人間の攻撃性——は徐々に縮小されてくるのか、それとも二〇世紀前半の巨大暴力——世界戦争・ホロコースト・さまざまな強制収容所などをあげてよいとすれば——がまざまざと見せつけたように、それはますます昂進しているのか。(7) 主流派が基本的には暴力の限定可能性から出発し、文明化過程について楽観論の立場をとるとすると、革新派はポーピッツが指摘する暴力の「限界のなさ」を出発点とし、文明化過程に対しては悲観論に立つ。「人間の暴力関係には限界のなさという根本的な特徴がある」(Popitz, 1992, S.48)。暴力はつねにスパイラル状に昂進するのである。

暴力の厚い記述

主流派の研究方法は、通常の研究方法の標準的手順でルーチン化されている。それに対して革新派はその方法を説得力を欠くとする。その代わりになるのは、暴力のミクロな記述、文化人類学者クリフォード・ギアーツのいう「厚い記述」である。「厚い記述」は「直観の密度が濃く反還元主義的である。それはプロセス分析であり、〈概念的コード〉に基づいて、概念的厳密性の倫理、正確性に従う。暴力理解は、暴力の向こう側にあるなんらかの〈原因〉に見出されるのではない。暴力への鍵は暴力そのものの形式のうちに見出されなければならない。それこそが純粋な暴力分析の第一のそして最も重要な原則である」(von Trotha, 1997b, S.20)。

暴力の両義性

暴力は一般的に「悪」と評価される。主流派は基本的にこうした日常道徳に基づいている。状況に関係なく、近代の暗き側面、啓蒙の影の部分とみなされる。それに対して、革新派は、暴力の多様な形態・多様な側面から出発し、その両義的性格を強調する。暴力と苦痛とは混じり合い、正当な暴力と不当な暴力の境界線はぼやけている。暴力は破壊だけではなく、秩序創出にも寄与する。

主流派は、暴力の分析と同時に暴力への介入の可能性を見出そうとする。それに対して、革新派は、暴力の再構成とその適切な言語的表現を通して、暴力の過程とそれを甘受せざるをえなかった被害者・犠牲者の抵抗と苦痛を理解可能にしようとする。革新派の目には、主流派の研究は国の諮問機関や委員会からの発注を受けてデータを収集し、助言・答申を行うだけの「官房学」と映る。

暴力研究の目的

この論争では、革新派の主張が明瞭であり、主流派の旗色が悪いようにみえるかもしれない。たしかに、インブッシュは革新派の前進を次の三点にみる。第一に、暴力そのものが研究対象になり、マクロ暴力現象が身体のぶつかり合いというミクロな物理的現象にそって研究の中心になったこと。第二に、暴力が、従来のように実行者・被害者・第三者という社会関係以上に、編成や配置の分析を通して体系的に捉えられ、その複雑性が理解されるようになったこと。第三に、近代と暴力とが対立するのではなく、両者がシステム的に結合していることが理解されたことである。しかし、革新派に対しては、暴力の種類やあり方の認識についてではなく、暴力の原因認識を放棄しているのではないかとの非難がなされる。ポーピッツ流の人間学的前提の最終的な成否はともかく、それに依拠することで、暴力に対する抵抗や介入などの具体的な選択肢を提示し得ないからである（Imbusch, 2004, S.143f.）。むしろ、両者は決して強く排除しあうのではなく、包括的な暴力分析に向けて補完しあうものと見るべきであろう。

われわれはこの論争から次の点を確認しておこう。第一に、主流派と革新派の違いは、第一節で示した暴力概念の次元と構成要素をどのように取り上げるかに対応している。その着目の要素と見方に応じて、暴力は多様な相貌を見せる。その意味では暴力には構造があり、単純な因果図式には収まりきれない過程性をもつことである。それと関連して、第二に、暴力を行為者観点から見るのか、それとも被害者・犠牲者観点で見るのかである。[8] 第三に、人間の「傷つきやすさ」への着目は重要である。人間は物質的・知的・物理的・心理的などさまざまな点で傷つきやすさがあるが、暴力概念が規定し難いのは、この傷つきやすさの多様性にもとづく極めて異質な現象が「暴力」に収斂されるのである。とすれば、暴力を身体への直接的暴力とその記述へと限定することは、暴力をあまりに狭く捉えることにならないだろうか。ポーピッツにおいても傷つきやすさは「身体的全一性のみならず、その人間の経済的資産やその社会参加、つまり社会的全一性」までを含んでいた。物理的暴力が中核的意味を担うことは確かである。だが、暴力とは他の人間への直接的な物理的暴力に還元されるとすれば、暴力の他の形式は無意味なものとなってしまう。

おわりに――肉体的苦痛と包摂／排除のあいだ

暴力概念をインフレーション的に拡大し、無限定に使用していけば、学問的な暴力研究にとってはほとんど役立たなくなる。それに対して、暴力概念を物理的暴力にラディカルに限定しようというのが、革新派の方略であった。他方、暴力概念から規範的要素を除き、価値自由的に「不正ではあるが釈明可能な意図的加害」として暴力を限定的に捉えようとする立場もある（Nunner-Winkler, 2004, S.27）。それと比較すれば、インブッシュの整理は、今日提案されている暴力概念をいわば偏りなく位置づけようとするものである。革新派が依拠する暴力の中心的概念としての物理的暴力から構造的暴力・文化的暴力までをも総体的に関連づけ、適切な位置を与えようとしているからである。

とはいえ、暴力概念のマトリックスにおいても、中心的な意味を担う直接的な物理的暴力と構造的暴力・文化的暴力の関連がいまひとつはっきりしない。とりわけ、直接的暴力と構造的暴力とは単に並列しているだけであって、概念上というよりも、社会のなかで両者がどのように関連しているかが不分明なのである。最後に、この問題にもう一度立ち戻ってみよう。

　構造的暴力の概念は冷戦下の平和研究のなかから登場し、急速に広まったが、概念的インフレーションの元凶とみなされ、冷戦の終結とともにほとんど忘れ去られた観がある[9]。それは構造的暴力の概念が提起した政治的−道徳的含意、すなわち社会批判やユートピアの可能性やその判断基準という規範的尺度が信憑性を失ったと感じられるようになったからである。それに対して、革新派の主張が説得力を持つとすれば、直接的な物理的暴力が日常的に身近に迫っていると感じられる今日、傷つきやすさという人間学的次元、それと密接に関連する肉体的苦痛と被害者観点への着目が共感を呼ぶからであろう。

　だが、現代社会では、暴力は眼前で繰り広げられるだけではなく、その反面、実行者と犠牲者との距離がますます増大する傾向も指摘しうる。また、物理的暴力が何らかの構造的・文化的背景がともなわれないとは考えにくい。むしろ、物理的暴力・構造的暴力・象徴的暴力のどれもが他によって支えられているというべきであろう（Saner, 1982, S.73-95）。現代の社会学も、社会のサブシステムが生みだすマージナル化や、グローバリゼーションのもとでの再生産構造が生みだす階層の分断や主権剥奪の新たな形態を追求している。さらに、近代《モデルネ》の理論の多くは、現前する相互行為ではなく、近代社会のルールや制度の強制性を問題としている。とすればそこでは、明示的ではないが、構造的暴力・文化的暴力に分類しうる事態が取り上げられていると見るべきである。

　グローバル化した現代社会では、出来事への関わりの感覚が近隣のことだけに限定されることはありそうもない。暴力を人間の暴力としてだけ理解することがますます納得しがたくなっている。そうだとするならば、他者に殴られたことによる身体の傷害が、病気・栄養失調・ホームレス・労働災害・環境汚染による身体の傷害とは違うものとして評価されるのはいったいなぜかという問いは今日でもまだ問いうるのではないか。この問いが有効でないとすれば、暴力を個人の行為者に帰属できないということしか説得的な理由は見あたらない。暴力を物理的な直接的暴力として限定的に捉えるのは、やはり暴力概念の矮小化ではあるまいか。

こうした状況に対して、シュローアー（Schroer, 2004）は、社会システム論的な意味での排除《エクスクルージョン》が、しかも多重排除（multiexklusion）こそが構造的暴力に対応するものであると指摘する。機能的に分化した社会では、人間はなんらかの機能システムに包摂《インクルージョン》されている。ところが、社会学者ルーマンは、ある機能システムからの排除によって、同時に他のどの機能システムへの包摂も疎外されるということを発見した。「（……）社会は高度に統合されている。高度の統合というのは、ある機能システムからの排除がいわば自動的に、別の機能システムからの排除をもたらすからである(10)」。

ところが、この機能システムの包摂／排除において、身体に関わる直接的暴力と構造的暴力とが奇妙に関連している。まず、この排除によって人間は人格性を剥奪され、いわば純粋な身体現象として露呈される。人間をこのように純粋に身体的存在に差し向けることが暴力の作用として捉えられる。この意味で、排除は社会システムによって遂行される社会的に生産された暴力である。排除領域を支配するのは、不可視になること、認知されないこと、いかなる役割も果たせないこと、無意味であること——こうしたことへの不安である。身体的暴力はこの不可視の落とし穴を脱出するために格好の手段である。「すぐに暴力に訴える傾向」（ルーマン、二〇〇七、二三八頁）は排除領域の標識の一つであるが、それは身体とは強力な排除に巻き込まれた者が注意を引くために投入しうる唯一の資本だからである。

他方、包摂領域も別の意味で暴力から自由ではない。まず、機能分化社会における包摂の最小限のプログラムは、政治的・経済的・社会的事象へ参加できるためには、それを引き受けることができなければならないという、〈当為〉

と〈可能〉との連関である。それだけではなく、包摂領域では、包摂が提供する選択肢を選択しないわけにはいかない。「包摂の提供は、それを利用するようにいわば柔らかい暴力として迫ってくる。利用しない場合には、排除される責任は自分にある」(Schroer, 2004, S.170)。機能的分化がいったん成立すると、それは「包摂を強要する構造」となる。つまり、だれも機能システム（法・経済・健康システム）から長く逃れていることはできない。「何かを達成しようとする者は、一緒にやらねばならない。仲間はずれにされ排除される者は私的に生きるしかない。エクスクルージョンの結果どんなことになるのかは当然判っており、それが同時に、これからも関与していこうという動機になる」（ルーマン、二〇〇七、二二七頁）。

一方で、排除領域では、人間が剥き出しの身体現象となる。他方で、包摂領域では、提供されるものを、損失を被ることなしには、拒否できない。そこには共同を強制するいわば柔らかな暴力が支配している。

なるほど、その規模や形態はどうであれ、肉体的苦痛をもたらす直接的暴力は現代社会でも消え去ってはいない。われわれはそれがいつ自分の身に降りかかってくるかわからないという不安に取り囲まれている。しかし、同時にその社会は包摂／排除にともなう「顔のない暴力」を内に含んでもいる。包摂はやんわりと、しかし拒否できないような仕方でわれわれに選択を迫る。それを逃れようと思えば、多重排除が待っている。

現代の暴力は肉体的苦痛と包摂／排除の間にひろがっているというべきであろうか。

注

（1）本節はImbusch（2002, 2005）による。Imbusch自身の分類の目的は、西欧の文明化過程と暴力との関連を問うことであり、暴力概念の検討はそのための予備作業である。またインブッシュは語源や観念史研究に基づいて、ドイツ語の"Gewalt"が他のヨーロッパ言語の"violence"とはいささか異なる語源的・意味的変化を被っており、力・暴力（vis/violentia）と管理・秩序・能力・権能（potentia/potestas）の二つの系列が複合した意味を持つことを指摘している。これに関しては海老澤善一他（2003）にも言及がある。

（2）Imbusch（2005）では「物理的暴力－構造的暴力－文化的暴力」が暴力の「三つ組」として中心的な位置に置かれているが、ここでは主にImbusch（2002）に依拠する。

（3）暴力の観点から「政治」という要件をどう捉えるかが重要である。この点で、権力と暴力を切り離すハンナ・アレントの「暴力」概念はやはり特殊である。アレントの政治思想においては、合衆国の独立戦争という革命とその権力による秩序創建という図式とフランス革命における革命権力のテロルへの転化と暴力による秩序崩壊という図式とが鋭く対立させられているが、そこに起因すると考えられる（アレント、一九九五、二〇〇〇、等参照）。アレントの暴力概念については海老澤他（二〇〇三、Ⅰ部五章、Ⅱ部五章）および本書第一章も参照。

（4）von Trotha（1997b）、Nedelmann（1997）などが論争を正面から提起し、Heitmeyer/Soeffner（2004）はこの論争を受けた議論を展開している。〈革新派〉〈主流派〉という名称は、革新派寄りのある種の価値評価を含むが、他に適当な名称が見あたらないので、ここではそれを踏襲する。また、「奇妙」というのは、論争自身がさまざまな書評のかたちでなされる場合が多く、両派の陣営配置が不明確で、議論のコンテクストや目的が明確でないからだといわれる（Imbusch, 2004）。明白に革新派と目されるのはヴォルフガング・ゾフスキー（Sofsky, 1993, 1996）であるが、それに対する革新派の態度は分かれている。むしろ、以下に記すように、論点によって分類するのが適切であろう。

（5）人間の社会形成と攻撃性との関係を論ずるには、今日の霊長類学や人類学の知見を視野に入れる必要がある。ポーピッツ自身はコンラート・ローレンツのような攻撃性＝本能説をとらない。山極（二〇〇七）は、従来の攻撃性＝本能説とそれに基づく人間の攻撃性をめぐる誤解を正しつつ、人類の進化過程における集団性・共同性の獲得が人間の暴力と密接に関連しているとし、とりわけ重要な要因として、言語の出現・土地所有・死者につながるアイデンティティの創出（想像の共同体）をあげている。

（6）Imbusch（2004）参照。各トピックは筆者によるが、革新派側の見方に重点をおいている。vonTrotha（1997b）は、①身体性の「無視」と「集中」、②「主観的に思念された意味」と「無意味」、③「他律的ダイナミクス」と「自律的ダイナミクス」、④行為者中心と布置分析、⑤「限定テーゼ」と「限界越えテーゼ」、⑥「通常の仕事」と「厚い記述」、⑦暴力の「明確さ」と「両義性」、⑧「官房学的研究」と「当事者的研究」の八つの次元を挙げ、これらにそって両派を区別している。

（7）ヨーロッパ、特にドイツでは、暴力の問題はホロコースト、ショアー、強制収容所の問題に触れずには済まされない。バウマンやゾフスキーはもちろん、ほぼ例外なくこの問題が暴力を論じる前提となっている点を忘れてはならない。

（8）ヴィヴィオルカ（二〇〇七、第三章）も、暴力理解における公的空間への被害者の出現を指摘している。ヴィヴィオルカによれば、それが明確になるのは一九六〇年代以降の福祉国家においてである。他方、「被害者中心主義」の乱用と行き過ぎには警鐘を鳴らしている。

（9）平和研究の立場からする数少ない例外の一つSaner（1982）は「構造的暴力」の概念的詳細化を試みている。

（10）ルーマンは次のような実例を挙げる。「インドの例：道路で暮らして固定した住所を持たない家族は、子供を学校に入れることができない。別の例：証明書を持たない者は選挙権を持たず、法的な結婚ができない。経済的困窮は合法／違法という法的コードについての高度の無関心を生みだす」（ルーマン、二〇〇七、二三二―三頁）。すでに一九三〇年、劇作家カール・ツックマイヤーはケペニックの大尉にこう叫ばせている。「住民票がなければ仕事がない、仕事がなければ住民票をもらえない。」

参考文献

Bauman, Zygmunt (1991) *Modernity and Ambivalence*, Policy Press.

Heitmeyer, Wilhelm/Hans-Georg Soeffner (Hg.) (2004) *Gewalt*, SV2246, Suhrkamp.

Imbusch, Peter (2002) “Der Gewaltbegriff,” in Heitmeyer, Wilhelm/John Hagan (Hg.) *Internationales Handbuch der Gewaltforschung*, Westdeutscher Verlag, S. 26–57.

——— (2004) “›Mainstreamer‹ versus ›Innovature‹ der Gewalforschung. Eine kuriose Debatte.” in *Gewalt*, S.125–148.

——— (2005) *Moderne und Gewalt. Zivilisationstheoretische Perspektive auf das 20. Jahrhundert*, VS Verlag.

Nedelmann, Brigitta (1997) “Gewaltsoziologie am Scheidewege. Die Auseinandetsetzung in der gegenwärtigen und Wege der künftige Gewalforschung,” in *Soziologie der Gewalt*, S.59–85.

Neidhardt, Friedhelm (1986) “Gewalt. Sozial Bedeutung und sozialwissenschaftliche Bestimmung des Begriffs,” in Bundeskriminalamt (Hg.) *Was ist Gewalt? Auseinandersetzungen mit einem Begriff*, Bundeskriminalamt, S.109–147.

Nunner-Winkler, Gertrud (2004) “Überlegungen zum Gewaltbegriff,” in *Gewalt*, S. 21–60.

Popitz, Heinrich (1992) *Phänomene der Macht*, J. C. Mohr.

Saner, Hans (1982) *Hoffnung und Gewalt. Zur Ferne des Friedens*, Juventa.

Schroer, Markus (2004) “Gewalt ohne Gesicht. Zur Notwendigkeit einer umfassenden Gewaltanalyse,” in *Gewalt*, S. 151–173.

Sofsky, Wolfgang (1993) *Die Ordnung des Terrors. Das Konzentrationslager*, Fischer.

——— (1996) *Traktat über die Gewalt*, Fischer.

——— (1997) “Gewaltzeit,” in *Soziologie der Gewalt*, S.102–121.

von Trotha, Trutz (Hg.) (1997a) *Soziologie der Gewalt*, Sonderheft 37 der Kölner Zeitschrift für Soziologie und

Sozialpsychologie, Oplanden.

von Trotha, Trutz（1997b）"Zur Soziologie der Gewalt," in *Soziologie der Gewalt*, S. 9–56.

アレント・Ｈ（一九九五）『革命について』（ちくま学芸文庫）、志水速雄訳、筑摩書房

――――（二〇〇〇）『暴力について――共和国の危機』、山田正行訳、みすず書房

海老澤善一他（二〇〇三）『人はなぜ暴力をふるうのか』、梓出版社

ガルトゥング・Ｊ（一九九一）『構造的暴力と平和』、（中央大学現代政治学双書12）、高柳先男・塩屋保・酒井由美子訳、中央大学出版部

――――（二〇〇五）「暴力」、クリストフ・ヴルフ（編）『人間学事典第3巻』、勉誠出版、一七四―一八二頁

ブルデュー・Ｐ／Ｊ・Ｃ・パスロン（一九九一）『再生産――教育・社会・文化』、宮島喬訳、藤原書店

ルーマン・Ｎ（二〇〇七）「インクルージョンとエクスクルージョン」、『ポストヒューマンの人間論――後期ルーマン論集』、村上淳一訳、東京大学出版会、二〇三―二五〇頁

山極寿一（二〇〇七）『暴力はどこからきたか――人間性の起源を探る』、（ＮＨＫブックス）、日本放送出版協会

ヴィヴィオルカ・Ｍ（二〇〇七）『暴力』、田川光照訳、新評論

第三章　不気味なものの支配と暴力

――リアリティ喪失の時代とリアリティの再考――

高須健至

一　不気味なものとは何か

不気味なものとは、単に恐怖感を与えるものとかおどろおどろしいもの、あるいは気味（気持）の悪いものとか気色（表情）の悪いもの、といった異常な濃い目の感情を誘発させるものだけを意味するのではない。それはむしろ、それらの諸感情を無機的で抽象的な表情のない感情に濾過して薄《うす》気味悪く化さしめ、とりつくしまもなく何をしでかしてくるかわからないほど無制御にじわじわと迫ってくるものであり、じっさいにも後味の悪い、始末におえないことを、それしかないあたりまえのふつうのできごとのように平然と仕掛けてくるもののことである。返して言えば、ふだんのふつうのことがまったくふつうでないように変容をきたしていることからも不気味なものがただよいはじめる。そこには、なんとも解しがたい不可知のものが宿り、本体とそのらしさが消し去られ、素顔と仮面が虚仮《こけ》の薄膜一枚で膠着し、苦痛をもって快楽とする〝得体の知れぬもの〟と化した危うさがある。その不気味なものの表情は、うす暗くてうす明るい奇妙にねっとりとした薄明の雰囲気を浮かばせているものである。これらのことを、異常の日常化、日常の異常化、と言っておく。これは、自他の関係からみれば、他者のなかにしか自己を置けず、そして自己のなかにあっては疎遠な他者を住みつかせることしかできないだけではなく、もっと重要なことは、自己を対象化できず、また他者をもって自己を対象化できずに、自他ともども一つの非存在の境涯に踏みこまれてしまっている、ということである。この非存在性の限界局面で自己と他者は薄皮一枚で膠着してしまっているという点が重要なポイントなのである。この在り方は、真に必要なこととふくみゆたかに余すこと（余剰）の境界を踏みこえていくボーダーレス化にとどまらず、いったん一線を踏みこえたら出口も終わりもなく、刺激的なものにさらに強烈な刺激を追い重ねて無制御のまま自己運動と悪性自己増殖に憑依され、やがて、夢現《ゆめうつつ》の自失と依存の状況、つまりバーチュアルリアリティの世界に溺れこんでいくものである。そこで置き去りにされるものは真のリアリティである。このことは、J・P・サルトルが悪というものを『聖ジュネ』のなかで他者性においてとらえてみせたこと、さらに暴力というものを『弁証法的理性批判』のなかで自由な目的と呪縛の結果との背反関係において反自由、反目的としての「実践的惰性態」でとらえてみせたことも重なりあってくる。

もともと、不気味なものをはじめて本格的にとらえようとしたのはフロイトである。その立論は人間の精神レベルにおける対象性の喪失と現実性の剥奪をひきおこす時代状況を背景にしてなされている。ここでは紙幅の関係でその指摘だけにとどめ、その詳細と是非については立入らない。

青少年諸事件、児童虐待、インターネット犯罪、マスメディアの傲慢な自己運動による国民の意識への刷り込みと洗脳などの現代社会の諸問題は、意識と存在の両面、さらには未来への志におけるリアリティ喪失の奈辺と深く関わっている。ここで、リアリティとは何か、それがどのように失われているか、そしてそれらを表出するには少なくともどのような感受性、識別力および構想力（手法ふくむ）が最低限必要か、について順番にみていこう。

二　存在風景としてのリアリティ

リアリティは、対象とする存在を存在たらしめているすべてについて、それぞれ固有の品と性質（なり）にあわせてそれらの所（すわり）を得さしめ、全容を生かしきることの全体（たたずまい）のうちからそれとなくも生まれてくる。そのすべてとは、大きくは事実、自然および人間の全容の在り様であり、ついでそれらの生きた構成諸契機としての光陰、虚実、善悪、正負、清濁、強弱、動静、硬軟、中心―周辺などを過不足なくふくみこんでそれら両極端の間に豊饒な中間世界のふくみを残して何かあるものであり、小さくはある限られた範囲と条件のなかの個々の細部に何かしらの宇宙を射映していることである。そこで事実とか生の現実とか自然と言っても、雑然、漠然としたそれらのカオスのなかにリアリティがあるわけではない。まずは、リアリティはそれらを受けとる側の感受性、識別力および構想力のうちにあると言っておく。すなわち、納得のいくリアリティは、それらカオスの海のなかから、何をエッセンスとして引き出すか、そしてすべてのものの性質と論理の違いを識別して取捨選択を加え、必要の原則の設定の上に、いかに多元的に構成し上げてふくみをたなびかせるか、にかかっているのである。また、とかくそのままリアリティがあるように錯覚されがちな稀少なものとか異常なものであっても、単に切り取られただけのものとかそれらの羅列されたもの、あるいは一本調子の様相とか単純な繰り返しといったことに真のリアリティがあるのではない。稀少なことや異常なことであっても、そのなかに何の変哲もないふつうのことや日常の背景世界が光陰ふくめた〝影〟として射映されていなければ、単に一時の刺激効果と珍味に消えてしまい、人の心に残し、後に自分から反復して関わっていける新たな主体的なものを喚び起こすことはない。というのも、リアリティは、人の感受性をそよがせ、想像力に訴求して、濃密で多様な心象風景とその余情と余韻を残し、心底納得をつけられるもののなかに宿るからである。それは、外のものを契機としながらも、すぐれて主体的なものであって、存在とは対象的存在であることへ高めあげ、主体的にしてかつ客観的な自己凝視の綾なす均衡（つりあい）と循環（めぐりあい）のスコープ（限定範囲、可感、自在性、余地）の鑑みへと折り返されるところに確証されるものなのである。まずは、リアリティの端緒的契機は、このような重厚な存在風景から静かに躍動しはじめる。

加えて、リアリティは始源と過程と完結を過不足なく全うし端然として存在しつつも、奥深く控え、他に譲り預けられることのうちから醸しあげられてくることである。それは、対象もひとの心もいったん平らかにする驚異をめざめさせてゼロ地点とルーツに戻らせることを介して、品の固有の質にぴったりと合う所を得さしめたうえに、必要十分にしてシンプルな色とかたちの装いで包み込んで内と外のしっくりとした合致をはかり、ゆるぎなくもしなやかに結い合わせたものからうつくしくも妙なるものとして浮かびあがってくるものである。すなわち、リアリティは、そのしなやかな結い合わせのおわりのふくみが、包みこんだはじめの原質を想像力のうちにそれとなく思い見させて、全体としての心的質感を湧き立たせられることからも蘇える。ひとつひとつの固有の確かな存在感を地の力としてもったものをいい雰囲気に包みこめば、その先の何かの達成へとおのずと弾ませ高めあげていくためのしなやかな結束力を収斂させるとともに、その後の新たな解放へのらせん状の還帰と足腰の据わった弾力の同時開放を次々と連ね重ね合わせていけよう。それは、平、包および結のふくみゆたかな三位一体のうちからおのずと生まれるものといえよう。一例をあげてみると、日本の風呂敷、和服、水引、組紐、包装文化、高度に品質改良された果物（和みかん、りんご、ぶどう、いちじくなど）、かつての労働力の村内調達方式（結）、日本的雇用慣行（終身雇用、年功序列制、組織内教育・訓練など）、日本画、和風家屋などである。いったん最後のところできちんとうつくしく結び合わせてこそ、そのなかに包まれているもののたいせつさへの想像力をたくましくさせて、かえってまた聞いてみる気を誘いだし、そのなかみへのほのかな期待の心の間合いを充足させるべく関わっていけるものである。それは、なにごとも前向きの気持ちが五感をそよがせ、即物的価値以上のふくみゆたかな心情的付加価値にふくらませ高められる演出効果の一例をなすものである。「結んで開いて……」ではじまる唱歌もみなの円舞をともなわせておれば、その波状的な反復循環によってリアル感を昂揚させるとともに、みなの心情的一体性を結び果《おお》せることができよう。大人も口ずさめば、すでに無くも心深くに残るリアル感を蘇えらせよう。他方、どんなに悲惨なことがらであっても、存在することを洗いざらい裸にしてその根源に触れることで明けやかになってきたりするものとか、深刻な問題の根因を解き明かして結末に至る必然的な過程を追跡し段取りよく整序しあげたりすることで、かえっていちばんたいせつなもの（必要の原則）はいったい何なのかを透かしあげて迫真の世界を据え直すこともできる。それで深い魂の悲哀なりきれいな涙を誘い、その浄化と幻想的再生のうちにひとの叶わぬうつくしい根源を思い見させてもくれる。極貧の途上国や少数民族の人々、ことにその子供たちの屈託のない笑顔や初々しい所作に、日本では置き去りにしてきてしまったたいせつなものを思い返され感動する類である。あるいは、戦乱に明け暮れ、路頭に迷う生活をすら強いられている国々の人たちの示す家族の絆とか、ふと見せる大人の哀しい笑顔、子供のきれいな笑顔には、魂をゆさぶられるものがある。失うことによってはじめて存在価値と人間の真実を知らしめられるのも悲劇的なもののもたらす浄化と再生の尽くせぬ真理である。また、たとえ、悔恨きわまりないものへ平伏させられるものであっても、その追憶の風景なり懐愁の心情に包まれることじたいに、置き去りにしてきたすぐれて人間的なものの全容とふだんは自覚されない根源的なものを喚び起こして再編成させる〝影〟の存在の真理が連綿として後を引きつつ結い合わせられてくるものである。例えば、古代ギリシャの哲学や悲劇作品からフランス古典悲劇作品、プルーストの『失われた時を求めて』、あるいは日本では、もののあわれからわび、さび、近代的寂寥《せきりょう》に至る文学・芸術の表現世界にその一例を見ることができよう。人間のうちに巣食う業《ごう》のなせる止むに止められない平・包・結の浄化と幻想的再生である。これらのことを質感あるもののリアリティおよび迫真のリアリティと言っておく。

さらには、以上のような、なり・すわり・たたずまい、そして平・包・結の綾なし醸すリアリティを踏まえきった先に、柔らかで、軽やか、しかも薄やかな存在がひらかれて、虚空のリアリティが濾しだされ、透み抜かれてこよう。これはリアリティの表出法ともなるものであるが、鎮魂の存在風景のただよわす余剰のリアリティとしてみておこう。なり・すわり・たたずまいの良さは、来歴の完全消化による収斂のうえに、未来に煩わされず、いまここにすわりよく足腰をらせん状に据えて弾力を蓄え、地に足をぴったりとつけることから、周囲および未来の闇を澄明にして取り込み、けれんみのないたたずまいに気息を通わせられることである。平・包・結の全うされた始終の納まりの良さは、いっさいの余分な無駄を省きながらも、むしろささやかな平凡なものをこそ徹底して積み重ね鍛え溌溂として活かしめることで非凡なものに仕立て上げ、その過程でおのずと抽出されてくる真の必要の原則をたいせつにして貫ぬかせ、その上にしなやかな斜めの曲線を交えた細やかなものによってゆるぎなく結い合わせることで、かえって高次の中間に空と虚を余し、想像力と思いを秘めやかに込めていけるものである。そこに選び鍛えぬかれたものからおのずと柔らかな強さ、軽やかな運び、そして薄やかで精妙な存在感が流れよく透過されてくる。その流れの良さ（流動性）は、それじたいが創造的なエネルギーと場であって、安全と安心、ほどよい均衡と心血の循環、そして浄化と再生を担う。その流れが止まれば、澱み、腐る。この流れを保つためにも、それら（柔らかさ、軽やかさ、薄やかさ）はひとつの澄明な場と時に融け合って、そのふっきった解放の間合いのなかに充ち溢れてくるものに特徴的な、静謐で、力の抜けたところでの深い弾力性を秘めてくる。それは、それじしんのうちに未来へと選ばれていく予感にみつるものをふくみ、あることですでにないところに進む旋律性、律動性、そして交響性をもってらせん状に波動していく穂先の可能性に関わるに境位に立てて、自他の存在への高度の理解力としての慈愛ゆたかな叡智をも降臨させる至高のリアリティをつくってくれよう。この柔・軽・薄の三位一体の開披する可能性のリアリティをもって真の存在風景のリアリティと言わずしてほかに何があろうか。

このことの典型は、現在を身いっぱいに生き果《おお》せることで次世代に余して残し継いでいくことをもって華と実とする生きた多様態としての自然風景の規則とその精妙な経緯である。そこに息づくものは、すべて硬軟両様の柔らかな強さをもち、重苦しくもなく軽やかであり、かつくどく厚ぼったい贅を落として薄やかで、自身のいのちの全うをもって限りとし次にふくみを残しているものである。ひとで言えば、自然を相手にしたプロフェッショナルなひとたち（植林家、樹の医者、左官など）がその仕事を完璧なものに仕立て上げようとすればするほど、山とか樹の声、海や河の水の流れと音、土の霊妙な色と形質など自然の多種多様な総体に素直にかつ真正面から向きあってそれらの懐（ふところ）に入りこみ、聞き澄まし、そのつどすべて託された課題と状況の違いに応じて、いったんは根源に戻りまっさらな精髄を抽き出したうえで、創り、包み、結い合わせていくことでしか真物としての仕事を果たせない、といった類のことを述べていることからもわかろう。織物、ことに天然繊維の一〇〇パーセントウールを使った毛織物の仕上がりの最高の基準とされるものは、手ざわりの柔らかさ、手にした場合の軽やかさ、厚ぼったさのない薄やかさ、色合いの深さ、映え具合など何となくいいたたずまいを醸す「風合《ふうあい》」というものである。絶妙な自然風景に近づくひとの営みとその創りだした存在風景のリアリティも、単なる写実を超えて、ある意趣の構想力のもとに、無限の事象の海、カオスから抽出された必要最小限の多様なエッセンスの再構成のうちに生まれてくるものなのである。このことが現代においてかえって貴重なものと浮き彫りにされてくるのは、人のつくりだす享受する世界が反自然的な破壊性を放射し醜悪な様相を呈して、自然の一部である人間自身を解体と自滅に追いこむことへと反転しつつあるからである。むろん、生物といえども、生としての必要の原則と余剰（余すこと）の分限（一線）の厳守、そしてその均衡と循環のための制御の原理である全種の多様態の保全にもとづく相互の依存と規制の関係が絶対不可欠である。もし、ある種がアメリカ流の「利己的遺伝子」を全面的に作動させはじめて、その分限と一線を踏み越えて過剰繁殖して他の種を追放し過小化させ、生きる場を占拠するようになると、概ね、植物では根茎の相互干渉と自家中毒に陥り、動物では餌場の食い荒らしと共喰いの狂気に襲われる。その結果、いずれも、集団的な自己解体と自壊の遺伝子が発動しはじめる。過剰繁殖は自身の過小化、利己的遺伝子は自滅遺伝子をもって報復され、償われるのである。〔アメリカ産の二元論的マネーゲーム（勝負）のもたらした典型的な「市場の暴力」の顛末たるサブプライムローン問題も同態の類比関係にある。〕生きていることの必要の原則と分限の遵守、そのための多様態の均衡と循環と制御の原理の三位一体性の確保こそ品に応じて所を得さしめるリアリティ感を生みだす。それで、すべての種がありてあることに、なるほどそうか、と得心がつく。人間においても、他と次のためにあってこその生きがいである。

こうして、尽くしきったのちに、色をもって色を抜いて空の背景をもって極彩に浮かばせ、かたちをもってかたちを抜いて虚のなかの無辺の形相へとにじませ、ことばをもってことばを抜き全容の喩の境域へ高めあげ、「やり果《おお》せて何かある」世界、芭蕉の言う「言い果《おお》せて何かある」宇宙がひらかれてくる。これらは、何がいちばんたいせつか、と感受性、識別力および構想力をめぐらして真の必要の原則に忠実に従い全エネルギーを解放しつつも、一回一回そのつどみな異なる自由自在性をもって、次々と反復的ならせん状の好循環に移っていけるものである。それは色、かたち、ことばの力を抜くことで楽に自在となった無欲のふくみゆたかな余剰の世界である。そこに人間とそのなし果《おお》せたことの存在風景のリアリティが匂い立ち、未来はそれじしんのなかに蒔かれ芽吹いてくることにもなろう。厳しく選び抜くことは次へ優雅に選び抜かれていくことになる。

三　生きていることへの実感としてのリアリティ（生のリアリティ）

現代は、大方のひと、ことに若者たちが、生きていることをリアルに感じられなくなってしまった時代である。存在感の喪失である。それは、志を立て、恬淡として選び抜いて生を凝縮させられないことにつきまとう漠然とした拡散と不安によって、足を地にぴったりとつけ足腰をらせん状に据えられないことから生じる。それほどに日常そのものが異常化している。生きていることの確かな実感は、何の変哲もない凡々たることに身を預け尽くすことを黙々と積み重ね、内なる声と外なるものとの映し合いと響き合いから胸のすく思いを抱懐できるところに水々しく滾々と湧き出してくるものである。何も、目立つことや非凡と思われることをめざして偉大なる才覚を発揮しているところに生まれるものでは必ずしもない。それも、いつも感じられているものではなく、日々の平常時を貫いて深く脈流する心のうちの見えない伏流水が少しずつ豊饒なものを融け込ませつつ、余分な汚泥を浄化し、贅を落としてくるところにふと湧きあがって、ひとの心を包み、淡々とした様々な日々の営みの意味を結び果《おお》せた折にかたとき直感されるものである。そのことが、時を継いで間歇泉のように湧き出ることを連ねていく先に、みちる時と解放、そして脱皮していけるものを味わえる。いい日とはそうした予感にみつる日のことである。それはだいそれたことをしている時に思いにのぼるものでは必ずしもない。むしろ、澱みなく淡々とした流れで透過される日のことである。現代は、日常じたいが、得心をつけられずに安心して落ちつけない場所へと異常化すると同時に、異常な不可解なものが日常に食いこんでひとの無意識を動かして背中をたたき、セルフコントロールの効かないまま前につんのめらせていく時代状況のなかに置かれている。そこでひとは不気味なものの掌中に把捉され、非現実感と仮想によって意識を振りまわされている。そのかぎり、生きていることの実感はリアルに抱懐されることはないであろう。

このような現代であればこそ、ひとが高い志を抱いていたとしても、何の変哲もないささやかな凡々たることに素直に真正面から向きあい、その沈黙の深さに耐え、ひとつひとつの細部に宇宙を映して心を通わせることほどむずかしいものはない。しかし、そのことが生きていることのリアル感の絶対的な前提条件なのである。それに関わる身を匡すことで見栄えのするなりが決まる。そして、手際よく段取りをつけて無駄を排し、対象なり自他のうちに秘め隠された良質なものを抽き出して、ひとつひとつのものをあるべくしてある位置にいきいきとしたかたちで据え全体構成へ浮かびあがらせるところにぴったりとしたすわりの良さが定まる。この後に、タイミングを失わずに、加えるものは加え、引くところは引き、いったんは時熟の調整過程に委ねることで、他力による真物への醸成を待たねばならない。解放と別様のものへの脱皮に向けて待つことの間合いのうちに、やりがいなり生きがいを確証する静謐な喜悦としての存在感が苦労への救済の恩寵のように湧いてくる。やがてそこに、ひとつひとつすわりよく、全体としてまとまりのついた多様態であって、かつ単なる即物的な多様態を超えた虚空の間合いのうちに、焦点の絞りのゆるやかな——というよりはむしろ焦点を定める必要もなく——、柔らかくして軽やか、そして薄やかな面持ちのたたずまいがただよい、匂やかで味のある世界を結び果《おお》せてくる。これが生きた心地のする居場所をもなす。まさに居心地のよい場所がそこに発現する。この場所は時間と空間とが融け合って次へのいい予感を湧出させる源泉場ともなる。このように、凡たることに徹するところに生まれ、非凡にしてたたずまう場所と交わす呼吸の一息一息こそが、一瞬の刺激的な昂揚リアリティ感としてではなく、心底得心をつけてにじみ湧くリアリティ感となってくるものである。そのしみじみとした味わいこそ、目からうろこを落とし、胸のつかえを降ろして、生きていることの実感を全身全霊にしみわたらせる真のリアリティ感というものになろう。それは、ふくみ多く、次なるものへの弾力と想像力をおのずと躍動させる。単なる安息ではないこの点がきわめて重要なポイントである。

要するに、何か特別のこととしてではなく、ありきたり（在来）のかたちで、何かのしがい、何かへの尽くしがい、そして自身の生きがいを覚えることが、生きていることのなりをきちんと定め、すわりをよくつけ、ふくみ多い全容をそっくりそのまま是（たたずまい）として生まれてくるリアル感を必要条件としつつも、その「〜がい」のあるということじたいのうちにすでに、在来を超えて、期待と可能性への気構えと心の運びをふくませていることでもって十分条件とするものである。生きがい（生甲斐）の意味するところは、やや消極的な「生きているだけのねうち」（広辞苑）からいま・ここに「生きている幸福・利益」（同上）の充足感に至るまでのことにとどまらないであろう。かい（甲斐・詮）ということに重点を移して思い見ると、「甲斐性」の意味にひろがり、自他と物事に直かに真正面から向きあう「けなげな性質」（同上）を基に、意気地をもって「物事を立派になしとげていく能力」（同上）といった潜在的可能性のふくみに可及されよう。むしろ、その可能性のふくみを中心的契機としてこそ、生きていることのねうちと幸福を従属的諸契機としつつも一体的に賦活し、「生きているんだあ！」といきいきと実感されてくるものである。

「人間に生きがいを与えるほど大きな愛はない」（神谷美恵子『生きがいについて』、みすず書房、二〇〇四年）。ガンジーも大英帝国による植民地支配の過酷さ、宗教（ヒンズー教、イスラム教など）の対立、極端な貧困などの暴力問題の解決とインド独立のために、非暴力の抵抗とルーツ（インドの伝統）に戻る姿勢を終始一貫させた理由を真実と愛に置いてみせた。どんなに絶望的な状況にあっても、最後に勝つのは暴君や殺りく者ではなく、真実と愛、というものである。近代以降、真実と愛の相互包容関係に気づいて、それを精神の根幹として、変革の花実の行方に見据えたのはガンジーをもって最高峰とするであろう。ひとの生きがいに関わる最高の愛情とは、在来のこと、あるがままの真実を深く正確にかつ心温かく理解し、認めいれわかってあげること以上に、反省もふくめ省くものは省き、抽き出すものは抽きだし、ルーツに戻ることによってその可能性の弾力の懐《ふところ》に入りこんでいくことにあろう。その折には、それまで気づかなかった対象なり自他の本質的なことや根源的なことの表象、すなわち真実や生き様の行方をごく自然に見通せて、それに即してその加速的契機となる生きた知恵を賦与することができ、そこに高度の理解力としての叡智を授かることもできよう。ここから新たにまた理解―許容―可能性のらせん状の好循環に入っていけよう。もし、その循環回転軸となる可能性というものが、自身と人間の生き様、あるいは社会と自然の在り様のうちに感じられず、奪い去られているとしたら、生きていることのねうちと幸福としての生きがいも消失してこよう。生きていることの実感など得られようがない。このことが現代人、ことに若者たちが、人生意気に感じて人間としての成長を望む前に、精神としても社会的存在としても若くして老いて行き暮れてしまう一因となっているのである。

四　現代におけるリアリティの表出法の問題――「反面リアリティ」のこと

今までにみてきたように、リアリティは、掛け値なしの真実と叩売りなしの真実、それも基本、本質、根源などの真の必要原則を体現し、かつ次への可能性のふくみを多分に余し残し、共感、共有、そして共生していけるもののうちから生まれる。それは、感覚的反射ではなく、説得力をもってしみとおっていき、心底納得をつけて何らかの解放感を披いてあげられるものである。裸眼を通しても感受性、識別力および構想力の産みの母胎であるプリズムの心眼に達することであり、耳から入っても想像力に訴求して目を閉じてゆたかな心像を描ける「ハイパーソニックサウンド」（心よい自然の原音）としての音なり声でなければならない。ことに会話の音声は、たがいに気息の呼吸に合わせてやわらかな抑揚と軽妙な間合いの流れをたいせつにしながら、ある段落を話し終えた後に相手のことばになめらかにつなぎ呼び起こすために、押しつけがましくなく薄やかにして末尾のトーンを落として譲り、多様な余剰と余韻をふくませあう表現法をもって臨まなければならない。それこそ、リアリティのある会話の妙味と後味の良さをなす。これはかつて相手をして自分から動かしめる女性の会話術の知恵と持味というものであった。ところが、全般にわたり現代は、真物を生み出す諸条件の大半が失われ、したがって真実にも直かに真正面から素直に向き合うことは極端に少なくなっている。見た目、耳ざわりよく、目をそばだて、耳の穴を大きくひらき、体をゆすり、一瞬の快感なり珍妙感を喚びおこすことばかりがまかり通る。要するに、易きにつき、低きにつき、ことさらにひとひねり加えた邪気の多いものばかりである。それらを支える裏舞台は過酷で悲惨な事態を深く広く潜行させてきているにもかかわらず、である。こうしたリアリティ喪失状況にあればこそ、一例をあげると、現代日本人、ことに若者たち、なかでも女性たちのことば使いや所作は、オーバーな表現（どぎつい表現ふくむ）とか、意味の薄い語尾や接続詞に強いアクセントを置く会話表現、センスのない珍妙な衣服の重ね着などを介して、自己主張の強いナルシスティックなリアリティモドキ過剰表現に終始することに変わってきている。男性よりも女性のほうがまわりの状況に早く敏感に反応し吸収してみせるので、女性の在り方をみれば、良否ふくめてその時代なり地域の状況のおおよその特質がうかがえる。というのも、女性は生命の維持と早期成長のために、防衛本能と同調性を強くし、リスク回避のためにも身近な範囲内での動きと連れ合いづくりと情報交換を生きる知恵としているからである。ことば使いや所作に見る無意味なもののことさらの意味化行為は、女性に限られず、全般にほとんど無意識、無感覚、無差別に行われている点がきわめて重要な問題である。捏造（ヤラセふくむ）、偽証、偽物、本物モドキもの（〜っぽいもの）から珍妙なもの、スキャンダル、さらに極端な悪行に至るまで、異常の日常化、つまり不気味なものの支配が蔽い尽くしつつある状況のなかにあって、ほとんど無自覚にこの時代の裏面、弱点、欠陥、周辺のことなどの負の側面の単純な幻想的擬制的再生（反映）による心身の密室化現象に陥っているのである。このため、リアルということばが頻用されるようになっているにもかかわらず、他の気息をたいせつにしながら、次に息を、静かに、深く、穏やかにつなぎ、なめらかに脈流させあう呼吸の表現が失われる、というものである。すなわち、お互いに、吐く息が吸う空気となり、吸う空気が吐く息と成り合っていく相乗の親密な表現が交わされない、ということである。若者たちの間ではKY、ということばで、空気を読む読まないということが取沙汰されているけれども、その空気とは単なる場持ちのためのものであるにすぎない。それは、ひとりひとりのひとの固有の気息を慮り、必要以上に立ち入らず余し残すところを黙って吸い込んでいってあげられる心眼と想像力の働く真実味（リアリティ感）のあるものではない。気息の呼吸を欠き、短絡させたことば使いや所作はぶっちぎれ表現となってあらわれざるをえない。それには、間接的なかたちの、テレビ、漫画、アニメ、雑誌などの視覚マスメディアとインターネットでの記号情報のやりとりにおける刺激的な過激表現から受ける刷り込み効果の感化、さらには時代のクレバス克服にたいしてチェインジ（変化）とスピード（早さ・速さ）による非連続的な（切れ切れの）対応をもって社会経済上のサバイバル戦術とするに至っている風潮の影響がきわめて強い。例えば、テレビでのバラエティ番組やお笑い番組では、「なんでもやってみせる」のが、芸人とばかりに、目の先を変えた受けを狙った珍妙でオーバーなふざけの冗句とアクションをスピーディに一方的な放射状電波に乗せるその場かぎりの後味のわるいバカ騒ぎには、かつての真物芸人たちの巧みの芸にみるようなふくみゆたかでリアルなユーモアのかけらもない。それらの侵蝕を無意識のうちに受けた若者たちは、すぐに、何事にもヤバイと思ったり、ちょっとしたことにムカツキ、思うようにならないとキレル、ことにもなろう。これではリアリティの表出どころではない。場が白けるだけである。これも、真実と慈愛を、稀釈、分断、放散、根こそぎにして、一方的に吸いあげる一律支配のための「反面リアリティ」の跋扈する現実ではある。かつて、日本の政界のトップ（総理大臣）にあって、規制緩和と自由化政策で、結局は、財政、組織体、経済、地域社会、家族および人間をめぐる諸関係を無慈悲にも分断、寸断して孤立と闘争下にさらしだし、その無政府的状況を一律放射状の支配－搾取システムに糾合しただけの小泉元首相のことばつきが、きれぎれ、アクセント強く、息急き切るぶっちぎれ表現に終始していたことも、その政治行為の結果と相応関係にあったと言ってよかろう。少なくとも、その口調は、ひとに真実を感受、想像させ、主体性をよびおこすものとは程遠く、すでに述べてきた一般の表現の風潮と奇妙にも符節が合ってしまっている。日本の代表者である首相ともあろうものが、である。その政策効果は、多様多元的な質を量と率に還元し、その多寡と高低を尺度として質の優劣を詐称する市場の暴力への放任をもって自由ととりちがえたものである。互いの質を高めあう競い合いと足らないものを補いあって相乗効果を高める「プロジェクトX」型のスタンスはどこにもうかがわれない。

では、ここで、こうした、表現の強がり、過激で、その内実は余し残すところなく、萎縮、霧消し、その白けた空気に衝かれて、次への呼吸のつなぎを息苦しくしてしまう「反面リアリティ」の跋扈する問題に関わる何人かの知識人たちの論説を介して、リアリティの表出法の問題を再考してみよう。なお、ここで言う反面リアリティとは、かつて中国の文化大革命の折に造反有理の対象とされた「反面教師」ということばに因ませて、勝手に設定してみたものである。それには、大衆向けマスメディアや、特定個人向けあるいは不特定多数向けのインターネット上の情報交信（ケータイ小説ふくむ）から、犯罪的示威行動までの、現代の表現手法の主調となってきているものが想定されている。それは、真のリアリティにたいして生理的嫌悪感に近いものすら覚えて否定的媒介対象に据えながらも、それを高次元のものへ超克するどころか、むしろ反対に、語るに落ち、行うに散ることへ返されて、その抜け殻に閉じこもるか、目を剥くようなハデ（派手）な消化不良のネタづくり（素材主義）による刺激効果にかまけるかして、やがてはそのやるせない息苦しさと硬直した虚しさ、いらだたしさの捌け口として、自虐、他虐ふくめて「死に至る病」の言動に至る経緯をあらわしている。言うなれば、復讐・攻撃リアリティからモドキ代償リアリティそして反動的自傷リアリティへと反転する似非リアリティのことである。それほどに、現代のリアリティ喪失状況は、ひとびとの心底をかき乱し、衝きあげ、何でもよいリアリティモドキものに触手をそよがせ、仮初の実感の把捉とその悪性自己増殖に急とさせているのである。人間、技《わざ》および表現（ものづくり、サービスふくむ）の基本の体得がおろそかにされ、むしろ軽視され、無視、蔑視すら受け、目の先のことにつき、易きにつき、低きにつくことへ追い立てられているからである。

リアリティが、事実そのものとか生の現実にではなく、必要の原則と余剰の世界（余剰、余韻、余日、余地など想像力に訴求するふくみ）をもって構成された真物（本物）にあるならば、たとえ虚をもって実を生々しく浮かびあがらせる表現手法（例、近松門左衛門「虚実皮膜論」）にもとづく幻想的なつくりものであったとしても、本質なり根源に戻してくれる意味においてはみなよく似た驚異の存在風景とリアルな相貌の現実感を産みだせるものである。これにたいして、似非の「反面リアリティ」の取る諸形態は、その由来となる問題の原因ごとにすべて異なり、種々雑多なあらわれ方を示す。というのも、らせん状の原点回帰力と跳躍力の欠けた単なる否定的関与は、その否定対象の内真の奥まで入りこめずに、その表面での乱反射、乱響、あるいは乱心、乱行の安易な反復の虚仮をもって一時のひとりよがりな存在理由とするからである。それは、ヘーゲルの概念を寄せて言えば、垂直的な高みの「真無限」へ超克できずに、きりのない横向きの「悪無限」への漂流と低みへの自己撞着、ないしは立つ瀬のない悪循環のもがきへの陥落となる。ことに近現代のリスク社会——資本制社会では無政府的状況の支配、全体主義社会では反逆への監視と密告性の敷設――とそれへのリスクヘッジが、私生活から経営・経済・政治・軍事各面に至るまでの危機管理を必然化させて、いかにきりのない悪無限的なヘッジの連鎖と重畳を呼びこみ、高費用システム化と危機感の精神化を促迫させ、人間としてのまともな真実の抹消をひきおこしていることか。加えて、現代では、全世界にわたる自由競争の激化が間接的なかたちでの〝戦場〟の様相を加速させてくるにともない、「戦争がはじまって、まっさきに殺されるのは真実である」ということばを拡大適用してみたくもなろう。真物の僅少化、偽装とやらせの一般化、合法的、非合法的な詐欺瞞着の跋扈、国家資本主義化したロシアと中国あるいは北朝鮮での厳しい報道規制と偽情報の意図的流布、さらに報道関係者の拉致と抹殺など、いくらでも事例はあろう。

では、最近のリアリティ問題を扱った何人かの論者（知識人）たちの所説に沿ってみていこう。

五　最近のリアリティ問題の取り扱い方の事例

すぐれた社会学者の見田宗介は『リアリティに飢える人々』という題目の新聞論説のなかで、永山則夫の連続射殺事件（一九六三年、当時一九歳）と加藤智大の秋葉原大量無差別殺人事件（二〇〇八年、当時二五歳）をとりあげて比較し、まず共通している点として強盗殺人、特定の怨恨殺人でも反差別闘争殺人でもないうえ、身の不遇をかこつ未来喪失者であることを指摘しつつも、率直に何よりも、動機がわからない点とその実存的な問題性をあげている（『朝日新聞』二〇〇八年一二月一一日付朝刊記事）。ことさらに動機をもっともらしくほじくりだして精神分析マニュアル如きもののなかのある既成観念に還元していない点こそ達見と言うべきである（この動機不明の無償殺人問題については後に筆者の言う「不気味なものの支配」に及ばせていく予定である。）すぐれた精神分析家の斎藤環も犯人の加藤に動機らしい動機のないことと実存の不安をみてとっているものの、後に改めて触れ直すが、そのリアリティ論は彼にしてはいささか軽薄で無概念的である（斎藤環「若者を匿名化する再帰的コミュニケーション」大澤真幸編『アキハバラ発』岩波書店、二〇〇九年所収論文）。ここでとりあえずも筆者なりに共通点を付け加えておくと、学歴と職歴の違いこそあれ共に頭がいいこと、その無償殺人の反復的連続性、そして特定の対象なき忘我の実存的な犯行、ということである。頭がいいと、彼我の比較意識にまつわりつかれ、やがて納得のいかない身の不遇への過剰反応に昂じて不幸の意識に苛まれるだけでなく、その転移法として計画的な代償行為、ことに悪行に頭をめぐらす素因を巣くわせるということである。これは、理性的な自由意志選択が途絶され、世の倫理規範もすっぽり抜け落ちた場合に辿る衝動の顛末である。その極端な場合が自他への殺傷行為である。見田のとりあげた二つの無償殺人行為は、A・カミュの『異邦人』を想起させるが、それと大きく異なる点は、宮崎勤の連続少女誘拐殺人事件、神戸少年（酒鬼薔薇聖斗）連続殺傷事件、厚生省（元）事務次官宅連続襲撃事件などをふくめて、動機らしい動機なく放っておけばきりがなくなる連続殺人、というものである。その意味ではそれらはフロイトの言う「反復強迫」（「快感原則の彼岸」井村悟郎・小此木啓吾訳『フロイト著作集』六、人文書院、一九七〇年所収論文）に近いものがある。それは、耐えがたい苦痛や苦悩でゆきづまり遣り場をなくした場合に、苦痛や苦悩をまたぞろもたらすに過ぎない情況に身を沈めて無意味、無償の同一行為を繰り返すことで、暗く歪んだ快感に変えることである。いったん関を切ったら、自分では抑え止めようのない同一反復行為依存症の迷宮に入りこみ出てこれなくなる、というものである。さらに言うと、現代における自他の存在の対象性の喪失状況は、その存在じたいにメリハリをつけられずに、数量化、均質化、および抽象化へと反転させ、すべて一様に見立てて、その雲散霧消にかけてしまうことへと進みやすくさせていることが深く関係している。

さて、また見田宗介の話に戻そう。彼は両事件のちがいに考えを分け入らせていく。未来喪失といっても、永山則夫（以下、Nという）と加藤智大（同、Kという）のあいだには大きなちがいがある。Nは、中卒者が「金の卵」とされた時代に青森からの集団就職で夢膨らませて上京して以降、夢かなわず挫折をくりかえしていた。Kは、端《はな》から未来への希望をほとんど持たず、生まれついてから過剰情報と競争にさらされ、いまひとり生きていけるだけのアルバイトや派遣社員の収入で単調な生活をくりかえし、ただ安定のみを望んでいたものである。Kはおそらくふだん慎ましい人間であったろう。が、筆者なりに言えば、これら、単調な労働と生活、ならびに挫折と転職の負の反復的連鎖が、やがて意識にとっかかりをなくしてのっぺらぼうに均らしてしまい、無意味、無償の反復強迫行為へ反転させた重要な背景となっておろう。というのは、寂寞とした孤独のうちに密室化された存在と意識は、現実の疎外局面に力点と基軸を置き換えてその幻想的、擬制的な再生でもって自身に引き寄せ、全体の構図の逆転と様相の一変、すなわち無の実体化をはかり一時の存在理由（反面リアリティ）をつけた後に、やがてその心情的事実世界にたちこめはじめる感情の濃霧と心的酸欠状態に耐えきれず、今度は外部にたいして実体を無化する直接行動に打って出る経緯を辿るものだからである。

また、見田は「まなざし」の問題を取りあげている。Nは中卒者で風采のあがらないことや方言の訛などへの周囲のまなざしに苦しめられていたのにたいして、Kはその反対にインターネット上の「まなざしの不在」にいらだちを募らせていた、というものである。いずれにしても、ともにひとの目を気にしすぎて所在をなくし、意識過剰による焦慮感と逼塞感にさいなまれ自己蔑視に陥るようになっていたことは確かである。その意識と視線は自他に向けてけばだった骸骨のようにギシギシと動きまわっていたにちがいない。Nの生いたちは無視され置き去りにされた不幸きわまりない過去をもっていた。彼はその出自に由来する心的外傷を夢破れた後によみがえらせ、折しも人間疎外が深刻化しつつあった時代状況も重なり、被害者意識を極度に張りつめるようになったものと思われる。それが内面にとぐろを巻き、鎌首を擡《もた》げさせ始めていたにちがいない。そこから自己制御のきかない世界へ踏みだすことになる。あらためて「まなざし」ということに寄せてみるならば、次のように言い直せよう。Nは、その生い立つころから誰からも見向きも注目もされず、ことに暖かなまなざしを受けた経験を全く持っていなかっただけに、ひとのまなざしへの受容力と心的免疫力およびその区分けの仕方を培われず、しかも上京後は方言コンプレックスから自由にものも言えず内向きに硬直化を重ねていったものと推測される。その結果、都会で出会う顔という顔、口という口、目という目に距離（間合い）を置けず、自分をなめまわすような好奇の蔑みの表情と視線（まなざし）を、相手が思う以上に見てとってしまうことになろう。ひとに向けられる無数の視線は、じりじりと焦点を絞りあげてくるものでないかぎり、都会の群衆の波のなかに紛れている時のように一抹の寂しさとともに孤独感を癒してくれて自分の出自と所在を問うことを免れさせてくれるはずである。が、そうではなくて、自分に集められる不特定多数の一方的な強い視線、少なくともこちらの様子を窺うように意識されてしまう無数の視線は、ひとの身をひどく緊張、硬直化させ、しばしば何も考えられないようにして進退きわまる心的壊死状態にすら追いこむ。と同時に、まわりのちょっとしたことにも過敏に反応し、返す視線の刃でこれまた一方的に短絡した攻撃性に反転させる。そんなにおかしかったらやってやる、というように。他者の眼は自分の眼でもある。愛されたことのない人間は自分をも他をも愛することができないし、愛することのない人間は愛されることもできない悪循環に陥り、愛情というものを透過できないまま、自他への憎悪だけが残滓としてうちに沈殿してくる。外にあるものはじつは内にあるものである。精神病理学で言う一種の「投射」行為である。自我形成後の惨めな不如意さの自覚的な再生はリアリティ感を薄めてホゾを噛む思いを強めるだけに、そこから骸骨のごとき空虚な自我の放射する「反面リアリティ」の捻出をもって補償をつけることに傾けさせる。自身の悲劇は他者の悲劇をもって償おうとする。これは「同種のものによる癒し」の断末魔の形態である。N

は、見田の言う「理想の時代」（一九六〇年まで）の裏面をなす置き去りの時代と「夢の時代」（六〇―七〇年代前半）の裏面たる疎外の時代の狭間にあってもがき苦しみ、死なば諸共のどん底に向けてのネガティブスパイラルに陥落していった人間である。

一方、KはNのような置き去りによる心的外傷はほとんどないものの、新たな時代の狂気と瘴気《しょうき》と怖気《おぞけ》をまともに吸いこんでいた人間である。それは、労働力不足によってつくりだされた日本的経営とか日本的雇用慣行（終身雇用制、年功序列制、労使協調、社内教育制度の完備）のなかでいったん納まったかに見えた人間・労働疎外の問題を「人余り」によって如実に表面化させる不定期雇用と単純反復労働の一般化さらにリストラの渦中に巻きこまれ、人間的充実感をかすめ取られ、競争という自由選択への強制システムに曝しだされ、自由なるがゆえの身の不自由の呪縛にかけられる時代である。この時代は、見田のいう「虚構の時代」（八〇年代後半―九〇年代前半）をくりこみつつ、「バーチュアル（仮想）の時代」（九〇年代後半以降）に突入していた折だけに、Kは視覚映像を含めて不気味な狂気と瘴気の刷りこみをほとんど無自覚に受けていたものである。村上春樹は「空気の薄い時代」と言っているが、その薄い空気とは、存在風景としても生きている時間としても稀薄なリアリティモドキものの支配的雰囲気と人間精神および自然の死のうえに醸しだされる白い瘴気と混合された軽薄な気息と言い換えられよう。筆者なりに言えば、自然と社会の場における自他の存在の極端な拡散と萎縮への両極分解による対象性の喪失の時代であり、もぬけの殻となったところに気持ちの悪い不気味な風だけが吹きさらす時代である。山と同じように文明も高度に成熟を遂げてくれば、人間と自然から過度に搾取し吸い上げて、社会的にも心的にも酸欠に近い情況を蔓延させ、しかも大量に吐き出される汚れたものへの浄化と再生の流れを澱ませるようになってしまうので、その空気はおのずと稀釈され、存在風景および存在感としてそのリアリティ感を急速に失わせてくるものである。旧約聖書のなかのソドムとゴモラの例を出すまでもなかろう。Kはそういう時代の只中にあって、現場労働の味気なさと疎外感とは反対の世界に自身のリアリティの宿り場を見つけるのではなく、その精神活動の舞台をインターネット上の「反面リアリティ」に求めたものの、それへの依存症に罹り、きりのないボーダレス、出口のないエンドレスから夢うつつのバーチュアルリアリティの世界に埋没するようになったものである。その心的世界は現実感のないままに反復的強迫世界の迷宮にさまよいこんだ末に、埒をあけるために、殺傷ナイフ趣味とその行為に及んだものであるともいえよう。極限状態に置かれると、自虐と他虐は合体する。

虚構の時代は、筆者なりに言えば、その実態としては「資本と高度情報社会システムの相互浸透」の進む時代であり、ビデオ等の情報オタクであった宮崎勤の「連続少女誘拐殺害事件」をうんでいる。バーチュアルリアリティの時代は、「高度情報社会システムによる資本・労働・自然の消滅的契機化」に転ずる時代であり、普段礼儀正しく親切でやさしいふつうの子やよくできる子が残酷な殺傷事件を頻発させるようになるのも何か象徴的なものがある。仮想と現実の合体による両極端の一致である。じっさいこの時代は、リアリティある現実との接触の喪失にともない、あらゆるものの両極・多極への分解を著しくして、第三、第四次元への創造的統合どころか、原状回復すらおぼつかなくし、一方的に下方から上方へ富、権力、知的なもの、文化およびエネルギーを吸いあげる一律放射状の「分断にもとづく統治」支配を推し進めて、直接的な横の親密な交流と縦の上下関係における対流をともに寸断し、エネルギーの母胎たる柔軟かつ多様な流動性を遅滞させてくる。必然的に、現実的なエネルギーの低下とその発露の場の劣化もひきおこされる。このことは内への籠りを引き込むリアリティ感の喪失でもある。その白けた澱みからは公然たる退廃と陰湿な腐敗も進む。一九八〇年代から、「無視していじめる」ことを「シカト」と呼ぶようになり、さらに人間関係が直接的な接触よりもインターネットや携帯電話のメディア（媒体）を通した間接的なメール交換に中心を移すように変わる風潮のうえに、極端に社会的空気の薄くなる二〇〇八年ころからはＫＹ（空気を読めないこと）ということばがともだちなどの人間関係の寸断、途絶、しばしばいじめの理由ともなってくる所以である。「存在とは対象的存在である」ことを逆手にとった対偶命題の「非対象的存在とは一つの非存在である」こと（Ｋ・マルクス『経済学・哲学草稿』城塚登訳、岩波文庫、一九六四年）、つまり無視して間接的な否定にかけて相手を無関係の存在へ追いこんでいくというものである。その否定は間接的であるだけに内向きの負の想像力を刺激して滅入らせ、所在を見失わせて、孤独地獄に落としてしまう。本来、創造力の場をなす異質な両極端の融合と多様性の総合は、両極・多極分解の著しいこの時代にあっては、仮想と現実などの両極・多極の暴力的な同一化の手だてとしてしか有効性をもちえなくなるほど、易きことと、低きことへと変質し退落しつつある。

見田は、Ｋが「シカト」に象徴される意図的な無視と、インターネット上での一方的な過剰メール交換における無意識的な無視とに示される「まなざしの不在の地獄」にあった、と指摘している。Ｋが、仕事場でもネット上でも、誰からも見向きもされず、誰でも何者でもなく、食べていくだけで精一杯の自分とは反対の敵とみなした存在を「リア充」（生活や人間関係のリアリティが充実している人たちのこと）と呼び、それをじっさい以上に過大評価しあげる他方では、自身をじっさい以下に過小評価する激しい分解思考に食いこまれて、何とか自他への仮想上の反面リアリティの捻出でもって自分を紛らわせていたことは確かであろう。孤独には孤独を、寂寞《せきばく》には寂寞を、絶望には絶望を、苦痛には苦痛を深めることでもって、無意識にも一種の心的ワクチン効果としての反復強迫を自身に仕掛けていたものである。インターネット上では他者の表情や視線が不在であるのは当たり前のことであるにもかかわらず、むしろそれらがないことをいいことに、くりかえし一方的に過激情報を放散しつづけたものの、その返される刃は皮肉にも自分が放射した焦点なく対象なき人間不在の「まなざし」であったものである。それは、不在ゆえに、かえってあらぬ負の想像力を悪いほうへたくましくすることで自分自身を惑わせ、苦しませて、極度に硬直化し、心的壊死状態に追いこまれていった背景と推定できる。インターネット、携帯電話、テレビゲームで応答のやり取りを長くずっとし続けていると、プログラムとシステムを介してくりだされてくる向こう側の世界が、制御のきかなくなったロボットのような反面体に打ち変わって自分に立ち向かってくる無機的な「不気味の谷」（『日本経済新聞』二〇〇九年一月七日付朝刊記事「第一部サバイバビリティ6」での森正弘の言葉）の空気関係へ自立反転し、どこに眼があってどこを見ているかわからない完全無焦点のざらざらした口舌記号言語の蝟集体《いしゅう》によってなめまわされ吸い上げられていくような無味乾燥の淵、すなわち触覚地獄へ落としこまれよう。Kはそれに取り憑かれたと言える。これも、非対象的存在は一つの非存在と化し、そこから心身の虚無地獄に陥る悲しい事例をなす。あることないこと、すべて見てしまった、と思われた後には、寂寞とした風のみが吹きさらす。Kは、普段の生活場面でも、幼い頃から親に見放されてしまったと思いこまれた生い立ち感、充実感も将来への安心感もまったくないたまたまの仕事の現場感覚、恋愛ゲームはなやかな時代にあって女性にもてない「非モテ」の自身、「ただいまと誰もいない部屋に言ってみる」仮の住まいの「もぬけの殻」感など、誰にもどこにも本質的なよすがなりルーツを見出せない情況がくりかえし続いて、やる方ない気持ちをうっ積させ、その底知れぬ寂寥感に自身の地をさらしていくならば、派遣工場でつなぎ（作業着）がたまたま見つからなかったというささいなことを怒りの爆発とその後の犯行の主因にこと寄せたりもしよう。根幹の本質的なことがわからなかったり、全体の風景が見えなかったりすると枝葉末節を言挙げしたり、重箱の隅をつついたりするものである。それで虚しくも一時の存在理由をつけるのである。Kは、そこから、事前にネット上で犯行予告を出しても、誰からもまともに扱ってもらえなかったことへの見返し報復感情も引き金となって、「じゃあ、やってやろうじゃないか」とばかりの「匹夫の勇」の行動へと短絡する。情報交信の手段であるはずのインターネットという媒体（メディア）がそれしかない心のよすがとされるものの、やがて自己確証の手立てのないものへと自己目的化され、そのなかでの自由気侭な夢想が心身に憑依して夢現状態へ導き、何でも言えることが何でもできること、さらにはすべて許されることへほとんどストレートに転身したものともいえよう。筆者はかつて「未来」という作品のなかで、「夢は生以上にこまやかに死を育む」という一節をものしたことがある。そのままに仮想と現実の無媒介的な同一化がKによって果たされている。それは、他者の死をもって自らの仮死を償う最悪の「同種のものによる癒し」の形態でもある。

このKの犯行にたいして、貧困層だけでなく、大学生、若い正社員などからある種の共感がネット上に寄せられたという。これは、単に疎外、虚構、幻想に慣らされ無償意識を深層化させ内にとぐろを巻いていた沈澱意識に共感をよびおこしたということ以上に次のことが関連しておろう。

ひとつには、真昼間にぎわう巷での公然たる無差別大量殺人の犯行が視覚映像化された見世物事件となって一般に公開され、くりかえしくりかえし報道されたことである。Kが犯行現場として高度情報社会の最も華やかな場所である秋葉原を選んだのは、そのことを意識しつつも、あらゆる矛盾の集中した周辺的な限界線上に生きる弱者（負け犬）としての自分の提訴（遠吠え）であり、すべて共倒れに引きづりこむ、まさに決死の断行のためである。その報道で潤うマスメディアは永遠となることもわからず、である。その公開報道と反復がいつの間にか価値あるか如き者へと刷り込ませ、感情を反転させる。このこともKのひそかな狙い目があったろう。サーカスの観客がひやひやとさせるきわどい演技の反復に誰もかなわない最高の完璧性を求めるように、その反対の悪行も、直接には自分の利害とはまったく関わりのない間接的なレンズとメディア映像を通して伝えられてくると、リアリティ感を稀釈し、極悪であるものほど、ふだんの砂を噛むような自分とは対極にある稀少情報価値感情に訴求し、それに連れ合わせて抑圧感情を解放してくれて、「やってくれるなあ」とばかりに目を食い入らせてみることになる。アメリカの暴力映画とそれに影響された日本映画にうつつを抜かすのもほぼ同類である。そこでの両極端の融合は、仮初の心的均衡の呼び戻しと一定のカタルシス（感情融和）効果を果たしてはくれる。テレビ、ビデオ、漫画、テレビゲーム、カラー雑誌、写真雑誌、インターネット画面、携帯電話メール画面などを含めて、それら関連諸産業と視覚文化の支配跳梁は、その間接的な媒体（メディア）に過ぎないことの自己目的化と至上視の派手な度合いを高めるほど、媒体依存症（心理的中毒）人間と無思考人間を量産し、直に目に触れ耳に聞く現実（ネタ）を、悲惨なもの、涸れ干えたものに放置したままにし、と同時に一般大衆にとってはつまらないこと、色褪せたことに見させてしまう曇りレンズの眼に焼かれていく反転的機能性をまったく省みない。むしろ、視覚文化とその操作主体は、このことに加え、良いこと、強みや善人よりも悪いこと、弱みや悪役を情報価値の高いネタの否定的媒体材料にして隆盛をきわめ、仮想と現実、富者と貧者、知と愚昧、支配と隷従、社会と自然などにおける修復不可能な両極分解のシェーレ（鋏状《きょうじょう》格差）の拡大を加速するエンドレス（終結も出口もない）役を担いつつある。一例として、テレビ画面に躍り出てくる芸人としては二流の司会者たちのどぎつさ、えげつなさ、不細工さを思い起こせばよい。これらのことを一般大衆のほとんどは知る由もない。それほどに、情報メディアと情報消費資本の合体システムの洗脳支配は徹底をきわめ、来る所まで来ている。情報メディアのつくりだす視覚映像の世界の支配は、刺激的な視野狭窄思考、表面的な条件反射思考および想像力の剝奪のうえに君臨するかぎり、そこには固有の意味での本来的なリアリティもリアリズムなるものも存在しようがない。にもかかわらず、斎藤環ほどの人物が、情報メディアによるコミュニケーション過剰と実質上のコミュニケーション不在の時代にあって、リアリティを確保するものは生の現実ではなく、自説概念の「再帰的コミュニケーション」に傾斜するほかないとする考えを展開して見せる（斎藤、前掲論文）。その事例として、「マンガ・アニメ的リアリズム」(大塚英志)、「ゲーム的リアリズム」(東浩紀)、「戦闘美少女のリアリティ」(斎藤環)があげられている。それらはリアリズムとリアリティの無概念的拡大適用である。現代日本では、ことばのもつ固有の意味とそのスコープ(限定範囲、可感、自在な予知および濃密な多様態の総合風景)が取り払われて、なんでもかんでもある安易な一つのことばで言いあらわすように拡散してきている時代である(例、かわいい、やさしい、すごい、ヤバイ、ムカツク、〜っぽい、など)。かわいい、とされたものがそれほどかわいくなく別のものであったり、すごい、と言われたものがたいして驚くほどのものでなかったり、ヤバイ、と間髪を入れるほど急迫したことでもなかったりする類である。それらのことばが、息を急いて連発して使われるのも最近の特徴である。これは、ひとつひとつみな異なる対象の固有性に即し、その内実と輪郭の把握にもとづいてこまやかな説明に臨む感受性、識別力および構成力を欠き、むしろ、相手に心から納得してもらうというよりは、表現効果への期待に性急のあまり自身を促迫させ、相手の感覚に強烈に印象づけることで対象のリアルさを主張しようとする姿勢である。その話しぶりは、内実の説明のフォローのないことに逆相関する反復強迫的な無償の表現に終わる。それでは、聞く相手は、背景の仔細から全容に至るまでの思いをめぐらす移入を断たれ、そんなに、かわいいのかな、おいしいのかな、すごいのかな、ヤバイのかな、などと思いをちらっとかすめさせるだけで、自分からもそれ以上の想像と立ち入りを打ち切ってしまうことになる。本来表現者は、対象からすこし離れ、奥に控えて、視野を広く深くして、くっきりと対象を浮き彫りにしたうえで相手に伝え、コミュニケーションをとる役割があるのに、むしろ、対象に一気に蔽いかぶさり、鷲づかみにするような押しの強い短絡表現をもってすれば、説得力のない自己表現だけに浮きあがり、あとに白けた空気を残して終わり、ということになる。いい言葉使いの鑑となるべきNHKの女性アナウンサーたちですら、世界各地への取材旅行の折、メコン川など雄渾《ゆうこん》な大河の風貌と生きものの情勢、深い鮮やかな色をたたえてひっそりと鎮まる湖沼の光景、峨々として切り立つ山岳とか渓谷の風景、少数民族のひとたちの慎ましくきれいな笑顔とか愛くるしい舞踊の情景などに触れても、ゆったりと心こまやかになぞりあげていく表現者としての職業的使命の自覚を放棄して、「スゴイ、スゴイ」の連発のことばしか持っていない情けないザマである。息をのみこんでことばを無くすほどのすばらしい情景であるならば、それを視聴者に伝えるために、ことばの息使いを鎮めて、充分な間合いをとり驚異の所以の奈辺をリアルに浮き立たせていく精妙なことば使いと映像づくりの経緯が必要である。それもない。せっかくの景色も活かされない。先のこともふくめて、要するに、表現が実態と乖離したオーバーなものとなって、事柄や態様の本質とその仔細を適確に感受し選り分けて事態の全体の風景を構成できなくなっている、ということである。ひとことで言えば、それらしい「〜っぽい」表現がまかり通っている。リアリズム概念もまたその例に倣う。テレビ番組や雑誌・新聞記事などの見出しに「リアル」ということばが当てられ頻用されるようにもなっている。その内容はさほどリアルなものであるわけではないにもかかわらず、である。

　これらの情けないことの直接の背景と主因と思われるものは次のことである。知識一辺倒教育のやりすぎと過剰情報の乱れ飛ぶなかで頭デッカチとなり、個々のものの固有の性質と論理をじっくりとみきわめずに即断してすぐに結論めいたものを打ち出そうとすること、これにともない他極に追いやられた気持ち（感情）だけが先走って滑り実体と離れてそれらしきものとして一様に見染めてしまうこと、さらには、会話なり文章のことばの流れを、交互に寄せては引く呼吸、ならびに高めては低める抑揚にのせられず、しかも遠近の距離を保ったうえに遅速のないタイミングを見計らってことばを入れる間合いへの惻隠、といったものが欠けてきていること、主に以上のような経緯による——その根因は、この時代の基本の機構と運動過程にあるが。当面の問題の原因としては、まずは、感受性、識別力および構想力（想像力ふくむ）の衰弱と平板化（フラット化）の所産である。先のマンガ、アニメ、テレビゲームにおけるリアリズムなるものが、間接的な画面を安全緩和フィルターとしてほとんどすべて非日常的あるいは暴力的な扇情シーンを魅了の要としているかぎり、それは、ふだん周辺化されるか潜在化されたものに力点をおいて全体をひっくり返す単純で平板な幻想的擬制的再生をコトとして、その一様化された空気のなかでたやすく展開される反転関係の享楽から攻撃性への転化をもってする「反面リアリティ」の域を出るものではない。それは、せいぜいのところ、リアリティモドキ演出効果にとどまる。一瞬ごとの視覚的な享楽と消費に終わり、あとにふくみゆたかな余剰、余韻、可能性開披など何も残らないものはリアリティをなさない。斎藤のセンスをうかがわせる「再帰的」ということばの意味あいを、創造的リアリティの弾力的契機となる「ルーツ（根源）への回帰」においてではなく、密室化された世界に特徴的な幻想的擬制的再生と反転関係の愉楽、やがての攻撃性への反転の意味でおさえれば、その本来の持味をふくませることができよう。真のリアリティは、昔からいつでも生の現実そのものにあったわけではなく、最近に再帰的コミュニケーションに移っているわけでもない。このことは、すでに述べた「存在風景としてのリアリティ」と「生きていることへの実感としてのリアリティ（生のリアリティ）」に照らし合わせてみれば、納得してもらえるのではないか。真のリアリティなどということばじたいが冷笑され、否定されかねない思想風潮の時代であればこそ、である。

二つめは、時代風潮が、筆者の言う「効果優先の原則」、すなわち目の先のことにつき、易きにつき、低きにつくことをもって良しとする伝染的同調力を強めることに退潮をきたしていることである。ことにインターネット上のように記号言語と象徴的なものが支配する世界では、情報と心情の伝染力は敏速、広汎かつ強烈である。自立的な関係そのものともいうべき支配主体に成り上がった高度情報社会システムは、均衡と循環を制御する機能よりもそれらを狂わす越権性を高めてきているという意味では、まさに病的である。というのは、それは、個々の人間なり事物なりの固有の在り様とそれらの境界にはお構いなく、あらゆるものへの普遍的な浸透力をもつと同時に、あらゆるものを消滅的諸契機に取りこむ統合力をあわせもつに至り、それじしんで自己運動と自己増殖を際限も終わりもなく発現させ、やがて熱っぽくも冷やかな低エネルギーの夢現《ゆめうつつ》に引き込み、実態の衰弱と自己解体さらにその幻想的擬制的再生による攻撃性への反転をひきおこしてくるからである。その最悪のものがコンピューターウイルス感染である。Kの無差別大量殺人は、事前に犯行声明を出し、事件後には多くの共感を引き寄せて見せたという点では、政治、社会、経済および「リア充」人間たちへの不特定破壊性としての「テロ行為」に近いものを見てとることができるとはいえ（大澤、前掲書での本田由紀の発言）、特定のイデオロギー、宗教、民族、カリスマなどを奉ずる思想的な裏打ちをもたずに、むしろカントのいう根元悪からの派生形態としての無償、無意味、無表情、無感覚および無差別の五無を実行してみせたという点では、近現代社会の基本の機構と運動過程が産み出したじつにデモーニッシュな不気味なものの支配下に置かれて動かされた、としか言いようがない。大澤真幸のように、情報関連機器市場における華やかな「世界の中心で神を呼ぶ」（大澤、前掲書）と言っても、その神とはいったい何ぞや、と問い立てたくもなり、それを「インターネットの闇に潜む神」という程度ではほとんど何も言っていないに等しい。そんな低次元の神なのか、デーモンに似た誘惑の名手の神なのか、ということである。それがどんな神であったとしても、正神の逃げ去ったあとの「もぬけの殻」に潜入し神の装いを身につけ、巧妙な暗転の手管遣いに長けて、ひとの内なる獣に生えてくる牙や角と結びあうヤドカリエセ神であることに変わりないであろう。それは、心の貧しいひとたちをダシに使い捨てて省みず肥え太っていく魔神、というものである。リアリティ籠る神聖なるものは、異常な場面設定によって高められるのではなく、むしろ反対に、ひととして過不足なく真に必要なことを凡々と淡々として尽くして余りあるところに解放され充溢をみる心身のけれんみない人間的風景の余白のうちに宿るものである。現代はこのことが完全に抜け落ちてしまった時代なのである。さらに付け加えておくべきことがある。芸能、映像、および文章の表現世界は、一九六〇年代頃までは高度に練りあげられた真物でなければとりあってもらえず、大衆の憧憬のまとにもなって、実現かなわぬものながらそれへの思いとイメージに合わせて自分をつくっていく素直な努力と想像力の喚起の役割を果たしていたものから大きな変容、変節を遂げてくるようになる、ということである。それは、一九七〇年代以降になると、一般大衆とほぼ同等に近いものに変わってその同調力に訴求して、日常の毒を抜く「同種のものによる癒し」効果への傾斜を著しく推し進め、いわば等身大の者の鏡面効果を担ってみせた。精神分析学の世界ではアイデンティティ論がよく持ち出され、経済学のそれでは、例えば良質な保守的急進経済学者（テクノクラート）の宮崎勇の著わした『人間の顔をした経済学』という表題の本がよく売れた時代である。さらに九〇年代以降、現代に近づくほど、えげつないもの、低劣なもの、暴力的なもの、弱みや裏側への覗き趣味、お馬鹿さんムードなど低劣なネタ（素材）の異常効果演出を主調とし、一般大衆の比較優位感情をくすぐり、負のナルシズムの享楽でもって自慰を得さしめ、むしろかえって日常の毒を沈殿させるものへと堕落してきている。このことは、数量効果追求への偏極（視聴率や発行部数、販売額など量至上主義）が低次元へ向かう均質化と強烈な単純反復化を招き、しかもそれを司る「死んだ抽象による生きた具体的なものへの支配」のシステムが同種のものによる同調の癒し効果を、傷のなめあい、足の引っ張りあい、同病相憐れむことへと低エネルギー化させたうえで、そこに安息を一時与えようとするものである。これでは再生と創造どころではなく、心的な死の淵で溶岩溜まりのように破壊エネルギーをうっ積させるだけである。

三つめには、家庭、学校および社会の場において、節目、折目正しく地について鷹揚な心身をじっくりと、かつしっかりと形成する教育をさておいたまま、一定以上の学歴を経てつくられた机上の受験用知識と条件反射的思考回路が、足元周辺の身近なものには見向きもさせず、どこか遠くから「リアルタイム」で送られてくる視覚映像情報に敏感に反応し、しかもある全体と流れのなかでのその情報の位置づけと意味づけのいとまもなく、瞬時に、ふだんの思考回路に対置する仮構の身寄り世界を幻想しあげて独り悦に入ることである。それは、間接的にはすべてに関係しつつも、直接には何人、何事にも関係しない夢現状態に近い状況を作る。そこでの操作と愉楽の要は、リアルタイム、瞬時およびD・J・ブーアスティンの言う「さかさまの距離の法則」の支配である――この法則とは近くのものが遠くなり、遠くのものが近くなることである（『過剰化社会』五島和彦訳、東京創元社、昭和五五年、原著一九七五年）。これらによって構成される密室的関係世界においては、自分と他者なり対象との間に介在するものは電子虫の這いずりまわる真空状態とも言うべき空気であり、苦もない利便性の反面をなすきわめてリスキーな空気伝染である。このことが双方に、いとも簡単に、同調と反発、共感と拒否、顔も人柄もわからない仲間づくりによる囲い込みと排除、つまり平板な等様化（フラット化）と差別化をほぼ同時にひきおこしては反転させることをもって隠し味の妙味とするスタンスをうみだす。豊饒な多元的総体としての中間世界のリアリティは完全に抹消され、ましてそこへの創造的止場など望むべくもない。このようにして、平板な等様化と差別化の一見自由な反転関係を独り勝手にくりかえし続ける過程で、違いも区別も失せたきりのない無差別的なのっぺらぼう情況が生まれてくるのは必定である。ホゾを噛む思いとほくそえみの合体した何とも言えない不気味な表情ともなってあらわれよう。ことに平板な画面や閉じられた一様な集団がそれを促進させる格好な場となる。その心情の事実世界は閉塞状況のなかからやがて溶けて拡がりはじめ、その延びていく感情の流体の舌の先に竜蛇の如き攻撃的な「のみこみ」の威勢を構えさせる。極端な場合は、「誰であってもよい」誰かを対象にした連続殺人や無差別大量殺人をひきおこし、このことがまた見知らぬ別の誰かへの同調と反発、共感と拒否の空気伝染効果をリアルタイムで発揮してみせる。このような増長効果をうみだすものは、無個性化した不特定多数のあいだで、横の関係の遮断と不可視の一方的放射状支配の関係、つまり日常からの疎隔によって形成される集団的暗示効果である。その場持ちの「盛り場」は、空気伝染関係という純粋関係の因果をなし、かつ関係そのものである感情の支配する場である。生きた呼吸の交わしあいのない無機的な記号言語や隠語の反復は、やがてきりのない羅列、集列でしかなくなってくるほど、かえって無意味なところへの強調ポイントづけの主役として感情にご登場願うようになる、というものである。このことは、かつては身体の共同反復歩調行為から生まれることが多かったが、高度情報社会の諸関係のなかでは心理的な仮構の臨場感からもうみおとされるようになっている。インターネットで知りあったものたちの間での集団自殺もその一例である。殺人にしろ自殺にしろ、どこかでどういうわれか、誰かがやってくれた悪事ほど、その情報はシステムを通して瞬時に千里を走り、その怖気はいろんな憶測を生み、その怖気に値するあることないことの話のつじつま合わせに気持ちを昂ぶらせ、その秘密の共有と悪事の仮構上の共犯関係をもって暗い安心と愉楽を享受する。それは、「やはりそうか、やっぱりねえ」からはじまり、「よくやってくれたもんだ」に至るまで、変な納得をつけることで完結する。

問題の核心は「誰か」にある。この、不特定、不可知、不知火《しらぬい》の「誰か」が、社会的、哲学的にも重要なポイントをなす。永山にしろ加藤にしろ、彼らは無名の落ちこぼれたる「俺は誰ぞ?」の存在を自覚していたものたちであり、その殺傷対象はこれまた見知らぬ「誰かたち」であったものである。誰であってもよいが誰かでなければならず、その誰かは実質の何者かであってはならない、といったトートロジー(同語反復、自己撞着の論理)が働き、その始原も結着も見出せない。抽象の自己運動と象徴の空気伝染作用に身を委ねるだけである。そこでは、「誰か」であることを通して、すべて可能であって何も可能ではない関係それじたいに、実態的には無意味でも仮構上では意味を置ける感情の論理が主導役である。永劫投企と永劫回帰の反転の無償反復行為を堪能するには、何者でもなく、因縁も拘束もない、誰かでさえあればよい。自他ともに実体と実相を知れば、またその経緯に思い煩い、何らかの始原と決着をつけなくてはいけなくなって動きがとれなく、硬直化し、はじめに自身が死んでしまう。その「誰か」は、影もかたちもなく、表面上（あるいは画面上）の感覚的想像力のはばたく夢想体であり、その誰かを取り巻く風景は、自在にデザインされた透明体、壁に描いた餅、絵空事などのそれらしきものでなければならない。それでなければ、存在にふさわしい対象として自分にしめしがつかない時空に浮かんでいるものである。インターネットや携帯電話でのメール交換のように、一方的な送信への反応を勝手に予想し、自尊心をくすぐる返信を期待することへの反復行為の愉楽は、じっさいの影もかたちもないものであってこそ、自分が影のときはかたちになってくれ、かたちのときは影となってくれる自在な転変へと進み、思うがままに連れそう絶対的な共感と同調の純粋体をこしらえあげるようになる。そうなるほど、ますます直に向きあう現実の関係から遠離かり、むしろそれを避けるようにさえなる。じっさいに面と向きあえば、まず破綻をきたす。と同時に交信においては反抗や否定あるいは軽視や無視を予想もしていないだけにそれらに出会わしたりすると、じっさいに向きあっているとき以上に傷つき、気持ちを害せられる。というのも、表面上は記号言語にのせた無機的な感情のゆきかいである反面では、かえって得体の知れない有機的な感情がうごめいているだけに、何でもないこと、ちょっとしたことで感情的になる傾向性がきわめて強いこと、さらには内実込められず膨れあがった風船が一本の針のほんの一突きで破裂してしまうように、批判なり無視を否定的媒介にして上方に前向きに関わるしなやかな弾力を蓄えておらず、すぐにへこんでしまうからである。加えて、インターネットや携帯電話の交信では、とかく十全な仕込み準備と論の運びの整理もなく自由気侭な思いつきを一方的に画面にのせていきがちなだけに、内実を薄く粗雑にし、ことばの舌先を次々と自己運動させ、意味のあまりないところにも強調ポイントを置いてつなぎとすることのついでに、相手の嫌がりそうなタブー領域にぶしつけにも土足で入りこんでいく場合には、呼吸の交わしあいの全くないことばがトゲトゲしく飛びかう。そのときには見えない相手（たち）をひどく傷つけ、とりかえしのつかないほどの混乱と沈痛におとしいれてしまっていることを画面のこちら側の人間には知る由もない。相手の反応がすぐになければ、ないということで、こちら側も空振りの消耗感にいらだち、相手の悪意をすら勘繰って邪推し、ホゾを噛む思いで自分を自分で傷つけてしまう。そして破綻の頻発と罵詈雑言が行き交うことにもなる。

　誰かであっても何者でもない純粋な空気関係の只中に置かれた存在の在り様は、企業、官庁、経済、社会、政治、オンライン、インターネット、携帯電話などの組織とシステムなるものが個々の人間ことに疎外された人々に関わる在り方、およびそれらを介した人と人の物象化された関係、なかでも若い人たちの間の関係の間接性に顕著にあらわれる。それら自立的な関係主体に成り上がったしくみが、そのすがたかたちを見せずに、人間、地域、自然などのすべての諸関係を、分断して孤立させたうえで統治し、分割して可視化したうえで一律の中央支配網の掌中に嵌め込み、そして真物たることの骨抜きと血抜きのうえに真物モドキものあるいは仮想敵に似せて己をつくらせること、端的に言えば、あらゆるものを消滅的な諸契機にくわえこんでエネルギー源とすることから気化し匂い出てくるこの時代の雰囲気に諸矛盾の集中的表現をみてとることができるというものである。別に言い換えると、それは、死んだ抽象が生きた具体を支配し、象徴化された視覚映像が実体を肩代わりし、不可視の仕組みが可視的なものをさらし、かすめ、呪縛にかける実体からうみだされてくる、得体の知れぬ不気味な空気である。まさに気が抜けて空となり、言動の制御も予見も覚つかなくなって、むしろその反対の方向へ歩ませ走らせてしまう魔的な空気である。その吸う空気が吐く息となって、ひとの成りと行いをいつの間にかつくってしまう。所変われば品変わることば通りに、この存在場は、人や物事をして、稀釈されたリアリティしか込められない軽《けい》佻《ちょう》浮《ふ》薄《はく》な「品」に変容させてしまうのも理の必然と言えようか。これらのことは何も筆者が今はじめて言っているのではなく、すでに、およそ近代的なるものとその諸矛盾が、すべてあらわになって出揃う一九世紀から二〇世紀にかけて、ベンサムの「パノプティコン」監獄構想（およびそれを見事に歴史的に位置づけてみせたM・フーコーの『監獄の誕生』）、マルクスによる歴史的に規定された資本制的社会関係の鋭い分析およびF・カフカの不気味な小説世界によってそのプロトタイプが摘出されているものである。むろん、その後、これらの諸問題は、資本、技術、情報および政治、刑罰、人心総攬術における一律放射状支配システムの高度化、さらには社会主義独裁体制の出現と自壊にともない、その抽象性、象徴性、そして不可視性を強め、現代に至るほど複雑怪奇な様相を呈してくるが、それらひとつひとつの詳細な分析はここでは差し控えたい。

誰かであることが結局は誰でもない別のものであり、何者かであることが何者でもないものへ揮発させられてしまう瘴気と毒気にみち、寒気と怖気をすら覚えてしまう空気というものは、ひとの心情、ことに感覚的感情と移り気感情への恐るべき浸透力と支配力をもつ。心情はほとんど自覚もなくそれに浸される。よほど、根幹を据え、枝葉をもって花実につなげられているひとでないと、この軽薄なものたちこめるぶ厚い空気の浮揚力によって浮きあがり、宙吊りの情況のなかでただ生息するだけの存在と化す。そこには立つ瀬もなく、登りつめる先もない。何も支えがなければ流されるか志なければ前向きあるいは深く動けないか、どちらかである。そのような空気のなかにあると、動物的と言える自己防衛本能の勘はかえってよく働く。自分の無内容なり弱点をひそかに劣等感あるいは被害者意識として巣食わせてしまったプライドの高い人間ほど、「やられるまえにやってやる」挙に出て、他者への批判と先制攻撃を仕掛けることでもって自身の防衛策とすることは世に多い常套手段である。テレビ画面を賑わす芸人としては二、三流のえげつない司会者たちが「面白おかしく」よく仕掛ける手だてを想い起せばよい。最近の若い人たちの言葉使いでみると、固有の本質的なものを身につけておらず何者でもなく些末な誰かの存在に放散されているものほどたいしたことではないちょっとしたことにたいして、「スゲエー」と発したかと思うと、反対に「ゲス」と呼び捨て、ムカツキ、キレてしまうのは、単にリアルな実体ないがゆえにことさらに強く印象づける「反面リアリズム」の空気表現であるにすぎない。むしろこれが一般化している。このように浮いた人間は、しまりをなくすことから、ぶかぶかに膨れ、ふにゃふにゃに脆弱化され、孤独地獄に陥れば、ぐにゃぐにゃになって原始的な心性へ軟質化される。そうなるほど、ひとはますます根も葉もない浮いた話とか空々しい操作視覚映像にとびつくしかないことからはじまり、振り子のように振り回されて堂々めぐりの単純な反復行動（仕事もふくめ）をもって仮初の慰藉《いしゃ》とし、さらに進めば、することなすことすべて軟体動物の如き「もがき」の別表現に変わり、そしてもがけばもがくほど自縄自縛へ硬直化していき、やがてその対極の擬装硬派へ反転して破壊か自死へと追いつめられていくことになろう。自虐のきわまるところには、破壊と自死は合体する。にもかかわらず、これらの情況と実態をもって体制の安泰を謳う愚かな支配層とか、その主因が現体制にあるのに他の批判的抵抗勢力に原因を転嫁して攻撃する「社会病理」罹患者たる御用学者や御用ジャーナリストたちが世に蟠踞して不埒な言動をくりかえし、自らの拠って立つ搾取基盤をも侵蝕しつつあるのが現代日本の実情なのである。

このようにリアリティの喪失状況が蔓延しておればこそ、マスメディアは「リアル」であることの稀少情報価値性に目をつけ、表面上のテーマにそのことを頻繁に採りあげはじめてはいるものの、その実態は「リアル」の旗を掲げて騒ぎ小躍りすることをもってリアルと勘違いしているだけで、所詮はリアリティ喪失の平面上を走っているにすぎない。マスメディアがリアルであることの本質とその表出法の抜本的再検討を素通りして、画面と紙面を「リアルっぽく」賑わせるほど、一般の人々は、それに任せて何ものかを解決したかのような、あるいは解決してくれるかのような錯覚と無責任に陥り、日常世界および文学や芸術などにおけるリアリティの回復と創出への取り組みを忘れ、また無関心に戻ってしまうのである。これも一種の両極分解であり、その間を埋めあわせるものをますます喪失させていく、というものである。そもそも、リアリティ喪失とバーチュアル志向の責任の一端はマスメディアの幻想を売る在り方の問題にあるにもかかわらず、それを省みずにマスメディアがまたリアリティの発見と表出の一翼を担おうということになっては、後にとりあげる川良浩和（ＮＨＫエンタープライズ・プロデューサー）のような一部の真摯なマスコミ人をのぞいて、視覚映像内での笑止な「トートロジー」と「マッチポンプ」役を見せつけられるだけである。大方は、リアルであることを取りあげた時点でもうリアルでなくなり、バーチュアルなものに変質してしまうのである。見田宗介が、バーチュアルな時代はもういっぱいいっぱいになって限界にきており、一部に古典的なものや直接経験への回帰にリアリティ回復の動きを見てとっているものの、単なる回帰だけではリアリティある現実および未来の創造にはつながりにくい。ほとんどの人々が、自身とその抜け殻、実体と仮構、あるいは来歴と生き様、現実と理想のあいだに、ふぬけた脆弱で空疎な間合い（空気）を消し埋め合わせるほどのものを何ら手にしていないし、たとえ手にしていてもそれを身近なかたちで実現し解放する機会と場に恵まれていない。生きた知恵と如実な日常世界を蝕み、薄め、浮いたものにしてしまう空気の浸透領域の拡大は深刻なかたちで進んでいる。その不可視の侵蝕力は、過剰なかたちとデザインに取り囲まれているこの時代であるだけに気づかれること少なく、いつのまにか人間なり自然の形質を掘り崩し、色褪せたものにしてきていて、思わぬ愚行に走らせたりするのである。このままでは断末魔に向かうしかない危機的状況は、完全に体制内化し、それをまた恰好の商品市場化のネタにするデモーニッシュな運動過程に入った、と言うべきであろう。その危機の自覚も対象化もあまりなく、まさに空気と水さながらあたりまえのように蔓延してしまっていることこそが最も深刻な危機をなす。見田宗介がＮとＫの犯行の主因とした未来喪失問題は、華麗なる虚無の支配するこの時代の雰囲気の深刻な危機的閉塞状況の所産である。

人間は流れよく前に歩み続けていないと、澱んで腐るか、後向きに退化するか、硬直し倒れてしまう。絶えず厄介な「進化」を宿命づけられている切ない生きものなのである。高齢者がどこへ行くともなく万歩計をぶらさげて散歩するそのことを日課として血気の流れを保とうとしている姿には、人間としての残映を仄見《ほのみ》る思いがして、何とも切なくなる。若者にあっては、直接には一方で、何でもできるかのような万能感を刷り込まれていながら結局は何も進んで選べないか、あるいは他方で、不実の不特定の誰かであることに放散されて何者かになりきれず、まして何者かであろうとすることを諦めてしまうか、いずれかの未来喪失問題としてあらわれる。人間たることの根本の条件すら与えられず、むしろ奪われつつある、というべきである。それは、かえって、存在（あること）と当為（なすべきこと）の選択以前の実存の根の在り処に関わる根源的な問題を提示している。その問題を解消しなければ、何を選び、どこへ向かうか、そのための自由な翼をどのようにして持つかなど何の意味もなさない。

未来喪失の因果をなすものは次のような根こぎの問題である。すなわち、いま・ここのことへの全面的な集中と持続の過程の内からおのずと育まれてくる高感度の深い感受性、正確な理解力および選別認容力のうえに、求めずとも招来される未来の可能性への関わりをもって生まれてくる最高の愛情、というものをいずれも欠落させ、その最高の愛情から派生する生きた知恵と高度の理解力（叡智）を忘失してしまっていることである。そこには長期的な構えの余地はない。どれほど知育と体育が体裁程度に施されても、いま・ここにおいて真の意味でリアルに生きることがなければ、人間としての存在の基本条件を失い、未来は閉ざされる。また、そのようになってしまうのは、一から十までを体得し、したがって何事にも順番と段取りの流れがあってそれをすべて踏まえきらないと真物にはなりえないという経験を全くしておらず、途中でリタイアーして投げ出したり、やる気なく引きこもったり、すぐにキレて一線をとびこえたりするようになっていることにも由来する。それほど頑張るほどのことではないのに、「ガンバリま～す」という強い口調のことばが別れのあいさつ言葉に頻用されるようになっているのは、段取りを十全に踏まえ身を尽くして後に結果を待つスタンスのない逆調の表現形態である。これは、あまりにスピーディに点と点を短絡線で結ぶ利便効果だけを、目を皿のように剥き出して追い求めさせる「時間による空間の支配」の時代のなせる因果でもある。ことに、未来喪失から、時熟の過程を放棄して過去への幻想的回帰、あるいは幼児的なものへの退行現象をひきおこし、目の先の利便効果や自己慰藉効果によりすがることが短絡した逸脱行為の直接の動機になったりもする。もっと大きな背景としては、高度な文明の成熟とその行き詰まりは、いっさいの無駄と贅を落として真の必要の原則の体現とそこから解放されるふくみゆたかな余剰の世界との均衡と循環によって成り立つ真物たることへの志と目的の全くない享楽的な媒体依存症候群を社会病理現象としてうみだして凋落の原因になり変わる。その徴候は、グルメ志向からゲテモノ趣味、乱痴気、バトルゲーム、さらにストレスの転移法となるハラスメントの横行、無償殺傷行為の頻発に至るまで澱みの腐爛となって現れ、やがて自己解体と自滅への極端な偏奇に傾斜していくのを歴史の常道としている。これら「退行への飛躍」のさいになけなしのかたちでしぼり出されてくる負のエネルギーはきわめて危険なものである。このことは時代としては独裁的専制やファシズムへの移行期によくみられる。ここでのテーマに限って事例をあげれば、祖父のやさしさの思い出だけを人間関係のよすがとした宮崎勤の幼女連続誘拐殺人事件に見る猟奇的な幼児趣味とか、加藤智大のように少年的なナイフ趣味を昂じさせるところ、大人としての自分の在り方への絶望的心境から、無意味なことの確証にすぎない無償のネット依存心理中毒と理不尽なことの幼児的な反復強迫行為に転じて、真昼間に繁華街でナイフを振りまわし暴れまわって大人最後の「徒花」としてみせた類である。

大澤真幸は新聞の論壇時評でリアリティ問題との関連から、秋葉原事件、リスク社会、ケイタイ小説、アメリカにおける新自由主義と新保守主義の合体について論じている（『中日新聞』二〇〇八年一〇月二八日付夕刊）。それらがどこでどういうふうにつながっているか、必ずしも明確に定位されているわけではない。一応、秋葉原事件とリスク社会

〈およびセキュリティと統治技術〉を内田隆三の言う「不気味な〈他者性〉」、そしてケイタイ小説とアメリカの二元論的融合を伝統的な「地元つながり」で結び合わせられてはいる。筆者なりに言えば、実存の根こぎに会って選ぶこともできなくなっている実体・実質なき反面リアリティの跋扈あるいはカントの言う「根元悪」への傾斜の称揚、水とか木で考えるのではなくてこの時代に蔓延する瘴気・毒気・怖気の空気で感じとりそのまま無理無体に考え表現することをもってリアリティ――じっさいはエセリアリティ――としていること、虚構と現実の単純で平面的かつアメリカ流の二元論的な場での融合と共存をもって新しいリアリティの模索としていること――じっさいは融合でも共存でもなく単なる粗雑な背中合わせの設定でしかないもの――に主な共通項を見出せるというものである。要するに、生の素材と技術過程を完全に消化しきってその痕跡を残さない折にこそ真物のリアリティを浮き彫りにできるのに、露骨で衝動的な素材拾い主義をもって「赤の他人」に衝撃を与えようとする得手勝手で未熟な手法をもってリアリティ表出法と詐称する独善的スタイルに終始していることである。これでは異質なものの融合による創造への次元に上昇することはまずない。そのルーツへの回帰志向らしきものも独創性に転化する弾力をふくませているものではなく、「退行への飛躍」としての思いつき回帰の暗闇のうちを徘徊しているだけのことである。なり、すわりおよびたたずまいなど望むべくもない。はたしてそれで新しいリアリティと言えるのか。もし言うとしたら、うぬぼれも甚だしい。事実のカオスの海から本質的なものを抽出する感受性の鈍さと識別力のあいまいさから素材と技術の消化不良をひきおこし、まして所をして品を定め構成する力を期待するほうが無理であり、そこから出てくるリアリティなるものはおのずと知れた粗悪な社会的排泄体に近いものとなろう。ここから悪循環がはじまる。

内田隆三は、通り魔事件と区別した秋葉原無差別殺人から「社会と犯人とは相互に相手にたいして底なしの〈他者性〉を感じあっている」ことを見てとり、犯行前の犯人のメール「皆さん、私の存在そのものを否定していますよね」というメッセージに「不気味な〈他者性〉」を読みとろうとする（大澤、前掲書）。いかにも学者的な概念設定である「底なしの〈他者性〉」をもって直ちに不気味なものとなるわけではない。この他者性を契機にふくみながらそれも超えて、完全に無視され箸にも棒にもかからない非対象的存在へ放擲《ほうちゃく》される境界に立たされた時にはじめて非存在の魔境が出没してくるのである。「誰でもよかった」無差別殺人における誰でもよい「誰か」の問題に重点を移しかえると、不気味なものの真相に近づいていける。内田もそれにすこしは気づいてはいる。お互いに顔を知る由もない画面上だけのメール交信であるかぎり、過激なことばが行き交うことにも増して、嫌になれば捨てぜりふの一つも吐いてさっさと打ち切り他意なく忘れてしまえる者が多数にのぼるほど、それにのめりこんでいる者にとっては、修復可能な直接対面以上に、空振りによる消耗感を深めて虚脱感を昂じさせ、自分の存在そのものを否定されたかのような耐えがたい屈辱感と絶望を沈積させることになろう。誰かれとなく、この時代の瘴気・毒気・怖気となって揮発する空気伝染情報システムの怖るべき浸潤力と暗示力こそが不気味なものの支配の先端を切る。継いで、ボーダレス化（彼我と物事の区別、分限および境界の一線を越えて無差別化、無際限化および無辺化に移ること）、エンドレス化（主体も客体もなく、出口も終わりもなく自己運動する媒体依存にとりこまれること）、そしてバーチュアルリアリティ（夢現状態）にさまよい出て、何人、何事にも無自覚、無感覚、無表情をもって関わる全くの別様のものに変容を遂げてしまっていることである。いったんは極限に近くまで両極分解した仮面と素顔、自己と他者、絶望と匿名、非対象性と非存在性の諸契機のゆり戻し反作用からそれらの膠着状態がそこに出現する。すでにここで怖気すら覚える不気味な様相になり変わっている。そして、数量化と均質化の所産たる死んだ抽象体（例、時間、資本、高度情報システム）による生きた具体の支配ならびに病的伝染性のきわめて高い象徴による実体の支配をまともに受けて、それらをくりこんだ不可視のデモーニッシュな支配システムによって、意識することなく意識させられ、動くともなく動かされ、気がついたらいつのまにか手を下していたという経緯を全うしてみせるのである。我に返ったときにはもう事の顛末は終わっている。神が降りてきたのではなく、反対に悪鬼が降り憑依した、と言うべきかもしれない。ここではこの経緯をもって不気味なものの支配としておく。

一方、大澤はケイタイ小説については速水健朗の『ケイタイ小説的』（原書房、二〇〇八年）に即して、実話とされるその物語のリアリティが、伝統的な心理描写、風景描写、固有名詞は全くなく、「作者たちの日常の学校生活というよりは、レイプ、妊娠、自殺、恋人の死、デートDVといった非日常的で、暴力的、そして不幸といえば不幸なことばかり」で占められ、所詮は作り話で、「極端な虚構と現実とが合致している」としている。そもそも作り話なのに、実話と主張しなければリアリティの表出はできないのか。それは、「嘘っぽく」て「本当っぽい」だけのものであり、現実の裏面や周辺のことの単純で平板なスライド型の幻想的擬制的再生であることを超えない。速水の書名『ケイタイ小説的』という表現じたいがひとつの擬制である。真物の文学、芸術、学問などの世界で使われる幻想的擬制的再生の方法は深奥《しんおう》の根源に到達したうえで新たに全体の構成と歴史的変容過程に臨んでいくところにリアリティあるものとして浮彫りされてくる。非日常的な異常な出来事ばかりをこれまた非日常的なケータイ電話の平面でやりくりして作り話としているかぎり、日常の異常化あるいは異常の日常化をもってする不気味なものともなりえない。文体としても消化不良の異常な素材（ネタ）拾い主義だけからは一瞬の衝撃はあっても、あとにふくみ残す余情はあるはずもなく、したがって真のリアリティを構成しようがない。次々と読み継がれていく普遍性はないであろう。大澤は、そこに伝統的な小説とは全く異なるリアリティがあると持ち上げ、かなり無理してそのリアリティの根拠を「地元つながり」（近隣に住む中高校時代の友人関係）の社会性に見出そうとしている。この点に謎を解く鍵があるとさえ言う。それは、一見すると、リアリスティックではあれ、所詮は「〜ティック」でしかなく、ネタ探しで思いつくものとしては身辺のこと、それも少年少女たちにとって金科玉条のものである「ともだち」とか「恋人」などのことに、レイプ、自殺などの異常なものを背中合わせに張りつけただけの粗雑な密室化小説における反社会性であろう。透かし絵にもなっていない。まさにマンガ的、テレビ的、アニメ的なものの擬制的再生といっても間違いなかろう。幼少期からのそれらの刷り込み効果は意外なほど大きい。何をネタに選ぼうとも自由ではあるものの、自由な選択意志の向うところが自由の本義の深奥にいったんは入りこむのではなく、身辺の異常なこしらえものであるというのも寂しい話である。真物を選び選ばれることの至難さを改めて痛感せざるをえない。おそらくは、実のひそかな狙いは、そんな思いつきの異常な出来事じたいの話題性に執着しているのではなく、くっついては離れることのくりかえしであるバラバラの日常の関係からは醸し出せない別の緊張感ある空気そのものを揮発させようとしているにちがいない。大澤は、ほかに、ケータイ小説の「地元つながり」を手がかりにして、世界的グローバリゼーションをひきおこしたアメリカ流の新自由主義と家族・共同体・地元への志向の強い新保守主義の合体を導き出そうとしている。虚構性とリアルな社会性との共存がここにもある、とするのである。その論の「リアルな」難点は、すでに触れておいたように、地域が一律放射状支配の網羅によってバラバラに寸断、分断され中央への吸い上げ統治対象に変質してしまっている現状そのものにある。ここでは、地域のリアルな社会性はほぼ完全に失われ浮きあがってしまっているだけに、その回帰幻想は今度は外部に向けてますます過激化するであろう、ということの指摘にとどめておく。

大江健三郎は、すぐれて立体的なバーチュアルリアリティ演劇たる野田秀樹作・演出の『パイパー』の観劇評として、「〔世界の終りを見据える表現者〕リアルな想像を続けること」の見出しの論説を展開してみせている（『朝日新聞』二〇〇九年三月一七日付朝刊）。その演劇は、ケータイ小説のように平面（フラット）の画面であるがゆえに現実味を完全に稀釈して浅薄な「なんでもござれ」式の暴力的なネタを羅列、散りばめたものとは一味ちがうものではあろう。その話の荒筋は、地球脱出後に火星に移民し、その折救世神の如き『パイパー』という名の全能の人工知能ロボット宇宙船をつくりだしたものの、やがて火星もまた地球と同じように断末魔を迎える、というものであり、絶望と希望、幸福と不幸の相互反転の末にすべてが何ごともなかったような原状にさらしだされ、元に戻ってしまう、ということでもあろう。「よくできた」ネタづくりとプロット（筋書）設定である。ネタとしての『パイパー』とは、スマートな宇宙船の構造をなし無数のパイプが伸びて人間の個体のように動くものである。それは、無機的なものと有機的なものをいとも容易に融合させてみせる単純なシュールレアリスムの延長上にあってうごめく今様のバーチュアルリアリティの形象物である、といえよう。『ハウルの動く城』（宮崎駿の脚本・監督映画）の造形体に酷似した発想である。プロットとしては、その『パイパー』は幸福を損なう暴力を吸い上げて無力化し、死んだ人間を食料に変えて飢えた人間を幸せにするという役割を与えられたＳＦ調の「御神体」の如き「面白おかしい」設定である。死をもって生に、逆にまた生を死に反転させる密室的生命機器体である。はたして、そこに、新たな宗教の匂いはあっても、「反面リアリティ」から真のリアリティへ次元を上昇させ、ふくみゆたかな虚空の余剰世界に抜けきっている芸術的余情があるのであろうか。その舞台は、三次元、四次元性を主張しようとしながらも、実質的には二次元の水平面上を反転移動しただけの密室世界の辿る顛末の発想と論理で武装されていると言えようか。野田秀樹は、現代の暴力とリアルな痛みを見つづけてきている演劇家と言う（『朝日新聞』二〇〇六年一二月一一日付夕刊）。そのかぎりすぐれた人物である。が、はたして、そこから、かつてマルキ・ド・サド、Ｍ・プルースト、ドストエフスキー、Ｊ・ジュネ、埴谷雄高などが掘りおこした根源的でかつ神妙な本源的密室世界をリアルに想像し、さらに創造することができようか。ネタとプロットに凝り、それらに依存しすぎているかぎり、まず無理である。というのも、すぐれて独創的な本源的密室世界は、高感度広角の感受性のはたらきによる本質直感と根源（ルーツ）の発見を基礎に据えて、既成の諸体系を洗い出して新たに識別し直し、個々のものに別格の位置と意味を賦与したうえで、一般社会では虚、陰、空、死などと周辺化された負のものに反転のテコを置いて全体の幻想的擬制的再生をはかるところに、むしろささやかなものの連綿体に精妙な宇宙を込めてうみだされてくるものだからである（このことについての詳説はここでは差し控えておきたい）。『パイパー』の出し物（だしもの）は、映像を通して本源的密室世界を編み上げたA・タルコフスキーのサイエンスフィクション映画『惑星ソラリス』の発想とネタづくりに似ているものがあるとはいえ、彼が、心的なものと宇宙、生と死、リアリティと疎外など、涯と際の限界面上を往還する人間の存在につきまとう底しれぬ寂寥と悲哀をただよわせ、人間の根源的なものの黒白の奈辺の世界にまつわる軽易の意味での「不気味なものの支配」に固執し続けたのとはずいぶんと異なるバーチュアルリアリティ時代の産物である。

ここで出色のリアリティ表出論を紹介しておきたい。NHKエンタープライズ・プロデューサーの川良浩和は、こうした仮想現実とは全く反対のリアリティ論をもって、番組を面白く作らないこと、事実の本質を見きわめたうえで淡々と積みあげ構成しあげるところにリアリティが生まれると説いている（『中日新聞』二〇〇七年一一月一七日付夕刊）。彼は、事実と真実（リアリティ）と心理のトリアーデ（三位一体）を深く考え抜いて構成しあげるところにリアリティを生みだせる、としたうえで、肝要なポイントとして、人間、社会、自然などの真理とは何かを問い上げるふくみの余地を残して視聴者に関わる時にこそリアリティを最大にできる、と省みている。出来ぐあいは一〇〇点、九〇点ではなく、六〇点でよいとするそのスタンスはすぐれた文学者や芸術家にも類せられる偉大なものである。余剰のなかにこそリアリティは必要の原則をレリーフアップして生み落とされる、というものであろう。

川良は制作者側のスタンスとして次のような好例を紹介している。校内暴力が激しく荒廃しつつあった大阪西成区の高校の生徒たちとヒロシマとの関わりを追う番組「絆」の制作のさいに、「面白い番組」をつくる考えを捨てて、西成の高校生たちが一番うれしかったこととしてやる気を示したヒロシマの高校生たちとの討論会を映像のなかに入れたところ、作品としての完成度は六〇点にまで大幅に落ちたものの、かえって反響を呼び、あるコンクールで大賞を得た、というものである。完成度六〇点と西成の高校生たちのやる気、というのがミソである。制作にあたっての表現の「抑制」（必要なことのみを選り抜き作りすぎないこと）、番組参加者の「主体性」の浮き彫り、そして視聴者の想像力の「昂揚」への訴求をめぐる反復的な波動と律動の妙のおかげで、交響効果が最高度（一〇〇点？）に達した、と言い換えられよう。川良は、リアリティというものが、いらないものを除きほんとうに何がたいせつかを考えぬいて必要の原則に徹するところに真物の秘めるふくみ（余剰）の世界を残すことができること、したがってそこに自他の関係に過不足のない均衡（つりあい）をたゆたわせられること、さらにひとの心にほどよい安心と愉悦の親和感情、つまり心地よさを自分から喚び起こさせてからまた次に必要の原則の再考へと流れよく循環（めぐりあい）に立ち戻れること、以上の三契機にある何かをつかみきったといえよう。

この六〇点というのがたいせつなポイントの表現である。ほかに事例をあげると、岡山に本社のある「林原」という中堅企業は、利潤追求の資本主義的経営を六〇点にとどめ、あとの四〇点のふくみは、地域文化への貢献とその研究開発の創造的契機への吸収、ならびに社内での自由の本義と実質的平等の両立を基本に据えて活力ある場とし、しかも当初は二、三流の地域採用の人材であっても、長く一生の生きる場としての安心と遠大な目的なり志をもって日々の研鑽を積みあげていけば、やがては超一流になりかわり最高のものを産みだすだけではなく、かえってそのことが結果的に会社の成長に返されてくる、というものである。非営利上の四〇点の余剰世界は、地域、人間および独創的な仕事への懐妊期間のきわめて長い根源的な基礎投資でもあり、やがて百数十点ともなって多分の恩寵に浴することのできるすぐれて多産で豊饒な潜在的可能態の担保となっているものである。過大なノルマ強制、無味乾燥な仕事の反復的連続、上下関係でのパワーハラスメント、非正規社員への冷遇、リストラの頻用などおよそ非人間的な企業内暴力が一般化しつつある現代にあっては、「林原」の在り方は未来の組織の理想型としての稀少の存在価値を輝かせている。川良と林原の在り方は、押しつけるのではなく、また媚びるのでもなく、自由かつ自発的な主体的参与をくりこんで人間の秘めやかな可能性に関わるリアルな生きた知恵と愛情のある実践的叡智を示していてくれる。ここで、あらためて、自由の本義と実質的平等の多様な両立を全体への制御原理とする下にあって、ほんとうにたいせつな必要の原則の過不足のない全うと、その実現からおのずと解放されてくる無欲――少なくとも無理も邪心もなく抑制された静穏な欲望――の余剰の境地との分限を肩肘張らずにわきまえたうえで、それらのあいだの均衡とあわせて流れのよい循環が多様態の総合として保たれたときにこそ、存在風景および実感としての真物のリアリティが湧き立ち、ふくみゆたかな説得力となって、その精髄を他に次へと残していってくれるものであることを確認しておきたい。

なお、見田宗介は、真木悠介のペンネームで上梓した『気流の鳴る音　交響するコンミューン』（筑摩書房、一九七七年）のなかで、メキシコインディオの叡智にみちた呪術師が現代にあって「リアル」であることの異常性を適確に指摘した件を紹介しているので、ここで筆者流に新たにまとめ直して意義づけさせてもらおうと思う。そこでは、「リアル」であることは、生の多様多元的な総合態を分解してものごとすべてを確かにして割り振り順応することと等値されているので、近代合理主義の潜める「明晰な罠」の一環としてとらえられているとみてよかろう。先にみた存在風景および生きている実感としてのリアリティとは別物の「リアル」さである。それは、具体的には、まずは他と外から用意され与えられた「型」にはめることに汲々としていること――例えば、サイレンとかチャイム、時刻とか命令に従うだけの「生活のきまりきった型」にはめこむこと――、ついで、そうした社会全般にわたる現実から揮発される非現実性への追従（生き生きとした意志の骨抜き）に終始させられていること、さらには履歴とか係累の単純反復的な延長に乗っかること、総じて身と魂を売ることでもって、仮初の似非アイデンティティとする錯覚に陥っていることである。そこには、自分で感受し、考え、判断して行動すること、そして、社会的現実以外の自然の「大地への愛」と「存在へのゆるぎない愛」をもって根と翼をともに備えること、さらにたいせつなこととしてふと予期せずに訪れてくる「一立方センチメートルの幸運」をつかまえる「自由な構え」を控えさせていること、これら人間としての根源性、普遍性および超越性を全く欠落させたものしか見受けられない、というものである。簡潔にして言えば、日常生活の異常化であり、異常な偏向の日常生活化である。これらの様相が気違いじみたものと把握されているかぎり、おそらく呪術師たちにはこの事態が不気味なものに映ったにちがいない。このありきたりの「リアル」さは、一応なりとも恐怖と懐疑を払い、暫定的な生活安全保障を果たしてくれるかぎりでは、文明人としての生息条件としてはまさにリアルではあろう。が、その反復は、ほんとうの必要原則をみたす内実を置き去りにすることになるので、やがて、あきあきして滅入り、自由な魂の抜け殻をつくるだけの虚脱行為へ放散される。そうなるほどかえってまた、目の先の効果だけに近視眼的にとらわれて神経的な緊張に凝り固まることへと追い戻される。抜け殻にセメントを放りこんだらどうなるか。そして、心の解放ではなく神経の凝固にはじまり、高い志の設定ではなくマニュアル通りのノルマ消化への追随にともない、身の充実なくしての虚しい消耗感の累積に終わる。その窮迫するところ、最も安易で短兵急の処方に走り、質的には最低の次元に落とされていくことになる。他方で、ストレス解消のための極端な快楽志向にも傾く。それで失うものは、存在の自存性と自在性であり、自ら進んで行う自身および他のものへの積極的な対象化行為である。自他の豊饒化に向けての対象性の喪失とも言えよう。残されたものは、他と外から自身の存在を対象化し内までも決めてくる形式をもって実とする悪しき奴隷的パターンへのはめこみであり、生きていることの実感としての存在性なき受け身の対象性への一元化、すなわち点（要素）への分解、そのつなぎとしての直線系列化、および深くも高くもないその横の広がりとしての平面（フラット）への還元である。真に深く、広く、高く見、よく生きて行うことを奪われ、単に見られ観察、管理され、死んだ目を皿のようにして見返し、耳を喇叭《らっぱ》のようにして広げて聞き返し、狭隘な指定箇所で指示通りに動き廻る人間動物園の出現である。一所懸命に、目標として決められた獲物を秩序正しく真面目に追い狩っているようで、じつのところは呪術師の言うように自身がその獲物によって狩られ、あるいはすでに狩られた獲物と化しているのである。他社を出し抜き数量効果と規模拡大につく「企業戦士」とか、内実の換骨奪胎された新しい型ばかりプラモデル型おもちゃ理論よろしく競いあい精気の抜けた研究者とか、真物の仕事ができなくなって人事とか政治に走り廻る輩とかがその一例である。敵、あるいは対象に似せて、いつのまにか敵以下、あるいは対象以下の己れをつくっているだけである。関わるものに、身、魂、および宇宙が込められなければ、必ずそうなる。イエス・キリストが言うように、ひとは測る尺度によって測られる。することでさせられ、関わる対象によって対象化される。現代文明においては、そこには、自由の本義を失った「もぬけの殻」しか残らない。それを知らぬは本人ばかり、というのも砂漠的な悲劇である。呪術師の言う「存在へのゆるぎない愛」、「大地への愛」どころではない。そうなるほど、ますますなけなしの身と魂を売り尽くし、わらをもつかむ思いで瀬戸際の「安心立命」をはかるしかない悪循環に入り、真の姿形からすれば、最高異常事態でもって最低の日常性を獲得しようとするクレバスに落ちこんでしまうのである。意志を欠き死んだ能面のような不気味な顔がそこから浮かびあがり、ロボットのように相手との距離をじわじわと縮めて是非もなく蔽いかぶさりのしかかる行動にいつのまにか踏みこんでいってしまうことにもなろう。

これらの主因は即物的であることによって、一方で無味乾燥のままにして現実的であり、かつまた、他方でその現実とは一見反対の粘着質のエセロマンティシズムに耽り込むことに分極化し、にもかかわらず、その両極端の間を隙なく占拠し支配する物象と記号情報およびそれらの不可視のシステムとしては本質的には何も変わらない惰性態のリアリズムにある。それらに身を任せておけば、仮初にも、おぼつかない生への不安を感じずに済むという意味でも「リアル」ではあろう。

呪術師の言う「リアル」であることを、「機械式時計時間による生きた人間・社会空間の支配」すなわち「死んだ抽象による生きた具体の支配」の下で何もかもが他律的に決まりすぎていることに求め換えられれば、近現代を特徴づける一契機としての過剰化、そしてそれにともなう過小化の同時多発現象が人間と自然をまさにリアルに「むきだし」にひきずりだすもう一つの側面に広げられよう。内と外とがしっくりと融けあい、内からにじみ、かもしだされ、外のものがなりとすわりよくたたずまい、そっと内を包みこんでいる固有の人間らしさと自然らしさの剥奪である。先の「もぬけの殻」とは、内面がむきだしに外面化されたことでもある。その表皮は、成長と発展への熱によって焼かれ、ひりひりするほどうずいている。感受性の働く余地は生き埋めにされ、真偽、虚実、光陰、清濁などを識別する心のプリズムの眼は眩み、まして、ひとつひとつ固有のものを位置づけ意味づけ直す全容の構想力の根と翼は引っこ抜かれ、もぎとられてしまっているのである。その無機質ともいえる表相のうずきは、死んでいながら生きているかのようにむきだしにされた心の変な「なまぐささ」をもただよわせるであろう。「ダサイ」ということばもその周辺にある。新約聖書が頻用する「心のいのち」が掠め取られた分、表立ったものが多勢を占めてさらしだされるならば、リアルと言えばリアルの風貌を灰汁として浮かびあがらせよう。心の内のものを失わせるかたちで外に引っ張り出されたものは、解放された欲望と固執する自我とを折り重ねて塗り固め、精気もなくテラテラとしたのっぺらぼうの「なまぐさい」表相をかたちづくろう。ことに小秀才や組織内エリートたちは、外面的な効用知識で塗り固められ、惻隠の情と想像力のふくみを涸れ干えさせて、凛気《りんき》、躍動感、あるいは身に深められている沈黙の気息と包容力を全く窺わせない植物的な「なまぐささ」をかもしだしている。この中途半端さが生みだすなまぐささも現代版リアリティの一端を占める。これはひきこもりの青少年から沁みだす植物的な「なまぐささ」もふくめての話である。

このむきだし現象は、本能なるものの突然の噴出（キレること、ムカツクことなど）、女性のまとう衣服にみるように性的身体の露わなエロティシズムとその風俗産業化、ことば使いや素振りにみる強い自己主張とアクセントづけ、いいことづくめを並べ立てるか相手の不安を煽り立てて判断力を朦朧とさせる押し込み販売、実体とかけ離れた宣伝やブランドのひとり歩き、表面加工効果に力点を置いた商品づくり、やらせと偽装と詐欺の手口など、なべて外向きのデモンストレーション効果の跋扈、さらに体制的本質をなす過剰生産、過剰流通および過剰消費など、例をあげたらキリがなかろう。それらに共通しているのは必要以上の「リアル」さの強調であり、ほんとうに必要なもののリアリティの隠蔽、虚脱、過小化である。

だから、つまらない一義、一律の物指しを持たないこと、対象へじりじりと迫る焦点を絞りすぎて整理整頓の型にかまけすぎないこと、意図せずにもぬけの殻になってしまうようなことを何もしないこと、である。そのうえに、真のリアリティは、強い意志をもって自身と対象に応じた固有の必要の原則に忠実に従い、身と心を尽くし果せつつあ《おお》る過程とその後におのずと解放されてくるふくみゆたかな余剰の世界において、無私無欲の心をもって触れる良質なものすべてに深く慈愛を注ぎ、かつまた、わくわくするような秘められた未知のものの到来と開披の恩寵にあずかるかたちで生まれてくるのである。強い意志と深い愛情と高い恩寵は三位一体である。と同時に、そのなすかたちを通して、他者の感受性をそよがせ、想像力を自由にしてよびおこし、自分から合点のいく説得力あるリアリティをふくませることができる。このリアリティが自他を充実感にあふれさせ、次に前向きに進ませていくものである。

ここで、真のリアリティを表出するにあたっての留意点をまとめてみよう。それは、人間、自然、社会の諸事象をふくめて、根源的なもの、普遍的なもの、および超越的なものの全体を、その関係と過程に即して過不足なくこまやかに順序よく蘇らせ、その究極するところ、細部のなかに宇宙を射映し、すべてのものの固有の存在理由を浮き彫りにする真実である、ということである。そのさいに留意しておくことは、なり－すわり－たたずまいを醸しあげ、平－包－結をぴっちりと輪郭づけ、さらに柔－軽－薄をもってふくみゆたかに解放し果せることである。人間の在り様に寄せて言えば、まずひとつには、イタリアのネオリアリズム映画にみるように、淡々と連綿とするささやかなひとつひとつのことやひとりひとりの在り様にこまやかなしがいや生きがいを込め、悩み、喜び、沈黙し、慈しみあう情況をらせん状に描出することである。国木田独歩の『非凡なる凡人』や永井龍男の『青梅雨』の作品も参考になろう。いまひとつは、人が負い目や心の傷を深く抱えこみ、ときに悪や邪を重く背負いながらも、それらを心の足腰のはずむ力にして、強い意志をもって各自の身の分に応じて〝まっとう〟に生きる姿形と様相の真実性を浮き彫りにすることである。さらには、〝まっとう〟に生きようとすればするほど、負い目や心の傷を担わせられ、ときに邪悪に落ち、疎外と追放をすら受け、敗残と絶望の淵に陥る真実性を偏見なく救いあげることである。あらためて、リアリティは多様多元的なものの総合態へ抜き切るところにあることを付け加えておきたい。

第四章　戦争と暴力――「戦う道具」としての兵士――

田川光照

はじめに

私たちの第一期共同研究の成果をまとめた『人はなぜ暴力をふるうのか』の第二部第四章「戦争という暴力」において、常石希望は次のように書いている。

国民皆兵制とは、一七・一八世紀に始まり今日まで継続している戦闘員形態の一つである。注意すべき点は、そこでは兵士とは数ヶ月前まではごく普通の農夫や会社員、あるいは床屋や食堂の主人であった者たちである点。本心では戦場などには行きたくもない、しかし国家ナショナリズムと愛国煽動エスカレィションに逆らえず、徴兵制に従って仕方なく戦地に赴く者たち。彼らもごく一般の普通の市民・国民であり、国家の意思に従い、従軍後は上官の命令に絶対服従するしかなく、自らの意思に従う自由などない者たちである。その意味では国民皆兵制下の兵士は、「戦う者」ではなく「戦わされる者」「戦う道具」でしかない。だとすれば、国民皆兵下の兵士たちこそは、実は非武装民間人以上に深刻な戦争被害者だと言えないであろうか[1]。

二〇〇八年九月一四日にNHKテレビが放映したNHKスペシャル「戦場　心の傷跡――兵士はどう戦わされてきたか」(以下、「心の傷跡」)は、まさに、「戦わされる者」「戦う道具」としての兵士、戦争被害者としての兵士の問題を中心に据えたドキュメンタリーであった。第一次世界大戦から、トラウマによって戦えなくなる兵士の問題が深刻化し、以後、イラク戦争にいたるまで、トラウマに陥った兵士をいかに回復させ戦場に送り返すかが国家の課題になったことを描いている。「第一次大戦以来、多くの兵士が心に傷を負ってきた。一方、国家は兵士たちに勇敢に戦うよう命じる。兵士たちはどのように戦わされてきたのか」というナレーションがドキュメンタリーの趣旨を要約している。わずか六〇分の作品ではあるが、たとえば、ベトナム戦争時の兵士の証言や、イラクからの帰還兵の証言、米軍の訓練の様子など、貴重な資料となる映像が多く収録された見事なドキュメンタリーであった。

以下、このドキュメンタリーを素材の一部として参照しつつ、人間を戦う道具に還元するという軍事が持つ暴力的側面について整理・考察したい。

一　イラク戦争とPTSD

「心の傷跡」において、イラクから帰還しPTSD(心的外傷後ストレス障害)に悩むアンドリュー・ライトという元海兵隊員の軌跡が紹介されている。彼は、二〇〇四年一一月のファルージャ掃討作戦に参加し、ひとりの民間人を撃ってしまい、イラクで自殺を図ったのであった。PTSDと診断された彼は、次のように述懐している。

悪夢がひどくなり酒を大量に飲むようになりました。悪夢を消してくれるよう神に祈り続けました。なぜ自分がこんな目にあうのか。これまでの自分の行ないに対する罰のように感じました。どうすればよいのか、わかりませんでした。

兵士たちには、武器の使用に関する制約を定めた「交戦規定」が書かれたカードが配られていた。「民間人は保護しなければならない」「モスクなどを標的としてはならない」「攻撃は敵対勢力と軍事目標に限る」といった制約が書かれたものである。アンドリュー・ライトは、そのカードを見せて次のように語っている。

交戦規定のことは常に頭にありました。しかし、人生は一度です。アメリカに帰還した時、棺桶の中にいるよりは、手錠をかけられているほうを選ぶ。それが私を含む海兵隊員の本音でした。

また、そのような交戦規定がある一方で、退去命令に従わない住民は武装勢力とみなし発砲してよい、というのが作戦時の命令であった。番組では「殺すというプレッシャーと殺すなというプレッシャー」という言葉で兵士が置かれた板挟み状態を表現している。そして、アンドリュー・ライトは、彼が一老人を射殺した時の状況と心境を次のように証言しているのである。

私は心の中でこう考えました。この男はテロリストかもしれない、男が何をしているのか分からないが、撃つぞと。その時には敵を倒したという達成感を覚えました。五、六〇歳の男性でした。お祈りをしていたようです。

頭に命中したのはそのせいだと思いました。男性は杖を持っていました。つらいのは自分が発砲した時に、その男性が本当は何をしていたのかを知る手掛かりさえないことです。もしかしたら男性は足が不自由で町から避難できなかったのかもしれません。しかし、私はそれを永遠に知ることができません。人生においてもっとも難しいことは自分を許すことだと思います。これは本当に難しいことです。何か仕事につこうと思いましたが、無理でした。今は仕事ができるとは思いません。やってみたのですが、数日でやめてしまいました。自分にとって一番いいのは、大学に行き、ゆっくりでも確実に自分を民間人の生活に戻していくことだろうと思います。

このアンドリュー・ライトのエピソードは、戦場における兵士の葛藤を如実に物語っている。戦場、とりわけ市街戦においては、敵の兵士か非武装民間人かの判断が瞬時に求められる。「アメリカに帰還した時、棺桶の中にいるよりは、手錠をかけられているほうを選ぶ」というのが、正直な心境であろう。そして、事後にその行為が正当であったか否かで悩むのは兵士の良心によるものであって、交戦規定に違反したことによるものではない。「自分を許すこと」ができるかどうかは、きわめて人間的な問いなのである。アンドリュー・ライトと同じ立場に立った時、すべての者が彼と同じように心に傷を負うわけではないにしても、彼のエピソードは罪責感によって兵士の精神が破壊されうることを示す典型例である。

ベトナム戦争時に発生し、当時の反戦運動に大きな影響を与えたソンミ村虐殺事件（一九六八年三月）で赤ん坊を抱えた母親をその赤ん坊とともに射殺し、その後ＰＴＳＤに苦しんだあげく自殺するにいたった元陸軍兵士バーナード・シンプソンの「私は自分を許せません。たとえ命令を受けてやったことだとしても、どうして忘れたり許したりできるでしょうか」という言葉も、人間としての罪責感を表明したものである。

もちろんPTSDは罪責感からのみ生じるのではない。たとえば、二〇〇四年一一月のファルージャ掃討作戦に参加した元海兵隊員クレイ・ネアリーの次の言葉は、彼のPTSDの源が恐怖心にあることを物語っている。

夜、暗くなると神経質になります。外から家の中が見えるから危ないと警戒します。ここはアメリカだから狙撃されることはないと分かっていてもです。夜、無意識のうちに忍び足で歩く自分がいます。

ところで、「心の傷跡」では触れていないが、「イラク特措法」によってイラクに派遣されていた日本の自衛隊員たちもPTSDと無縁であるとは考えにくい。隊員たちは幸いなことに、直接的に戦闘に加わることがなく、殺すことも殺されることもなく帰還したが、激しい恐怖心を抱いた経験は何度もしたはずだからである。たとえば、サマワに駐屯した陸上自衛隊の宿営地は一三回の迫撃砲・ロケット弾攻撃を受け、二二発が着弾、うち四発は宿営地内に、一四発が宿営地外周から一キロ以内に落下していた。(2) 実際、二〇〇八年一二月一八日付『朝日新聞』朝刊の記事は、恐怖心からくるPTSDに苦しむ自衛官の存在を暗示している。その記事は、イラクに派遣されていた航空自衛隊が完全に撤収したことを受けて、自衛隊のイラク派遣を検証したものである。その中で、空自パイロットの多くが「国境線を越えてイラクに入るたびに、地上から狙われているのではないかという不気味さを感じた」と書き、「帰国後も撃墜される夢を見る」という隊員がいることを紹介しているのである。この隊員はPTSDの可能性がある。日本政府は実態を公表していないが、激しい恐怖心に源を持つPTSDに苦しむ自衛隊員が相当数いてもおかしくはない。(3)

二　シェルショック――ＰＴＳＤの前史

ＰＴＳＤは、医学辞典では次のように説明されている。

強制収容所、原爆、戦争、事故、災害、拷問、強姦などの、集団的、個別的、人為的、自然的を問わず、人間の通常範囲を超えた苦悩体験によって生じる、主として心的な外傷をいい、ＤＳＭ‐Ⅲ（診断・統計マニュアル第三版、米国精神医学協会、一九八〇年）で明確に位置付けられた。現代災害の大規模化とともに、存在が明らかになった。（一）想起、夢、きっかけによる外傷の反復的再体験、（二）外界からの引きこもり、（三）抑うつ、不安、過敏、睡眠障害、生き残り罪責感、集中困難、想起契機の忌避とそれによる悪化などを示す。急性（六カ月以内の発症と持続）、慢性（六カ月以上の持続）、遷延性（遅発性、六カ月以後の発症）に分ける。(4)

ミシェル・ヴィヴィオルカは、このＰＴＳＤの概念にたどりつく過程を、被害者の顔が公的空間に登場したことと関連づけている。

現代の被害者は一九世紀から国際的領域と社会生活の領域とで公に姿を見せるようになった。国際的領域ではアンリ・デュナンの訴えによって一八六四年に国際赤十字社が発足するとともに、軍人が戦争被害者として姿を見せた。(5)他方、もうひとつの領域、すなわち社会生活の領域では、一九世紀に暴力行為の被害者としての女性や子供に対する眼差しが登場し、(6)一九世紀末には西洋のいくつかの国で虐待された子供を保護するための法律が採択されるにいたっている。[7]

しかし、大きな転換が起こるのは一九六〇年代である。戦争については、民間人被害者の増大とも関連して[8]被害者の視点が中心的な関心事となり、人道主義的機関が大幅に増加・強化され、たとえ国家の主権を無視することになろうと人道的介入が可能になった。[9]また、それまでは表に現れにくかった女性たちの被る暴力（レイプ、夫婦間や家庭内での暴力など）に対抗する運動が展開されるようになった。そのような流れの中でＰＴＳＤの概念が形成されるようになったと、ヴィヴィオルカは述べているのである。

女性運動はレイプを告発し、女性の一部は被害者を受け入れるセンターを創設した。少し後の一九七四年からは、それらは暴力被害者たちの避難所（《Battered-women's shelters》）やレイプ被害者たちの避難所（《Rape Crisis Centers》）となっているが、たいていは被害者たちによって開設され、リードされている。この運動において、女性たちは被害者として、極端な場合には生き残り（《survivors》）として互いの姿を見いだし、認知し合って、この相互認知から誇りと尊厳を引き出すのである。この運動は、それまではこの種の暴力に無関心であった刑事裁判のシステムを批判する。また異議申し立ては、さまざまな激しい国際的活動、さまざまなプログラムとサービスの発達、さらに研究活動と結びつく。研究活動は、「レイプ・トラウマ症候群」すなわちレイプの心的外傷症候群の概念に行き着き、さらに「ベトナム退役軍人症候群（Vietnam Veteran's syndrome）」の概念や「暴力被害女性症候群（battered-woman's syndrome）」の概念にたどり着いた。そして、この両概念は一九八〇年に、《ＰＴＳＤ》すなわち心的外傷後ストレス障害の概念を形成するのに寄与したのである。[10]

兵士が抱えるトラウマが社会問題として大きくクローズアップされたのは、「ベトナム退役軍人症候群」の名称が示すように、ベトナム戦争を契機にしてである。ベトナム戦争の特徴のひとつは、アメリカ兵が相手とする南ベトナム解放民族戦線がゲリラ戦術を採ったことにある。このために戦争は泥沼化するとともに、民間人と敵とを識別する困難、さらに、いつどこから襲撃を受けるかもしれないという恐怖心からくるストレスがアメリカ兵に重くのしかかることになった。そして、ベトナムから帰還した後に社会に適応できない兵士が次々と現れたのである。この問題はハリウッド映画も取り上げ、社会の不純さに苛立ったベトナム帰還兵のタクシードライバーが、暴力によって闇の世界に立ち向かい自分を認めさせようとするプロセスを描いた『タクシードライバー』、海兵隊大尉の夫を戦場に送り出した妻と、負傷して戦場から帰還した男との関係を通してベトナム戦争を間接的に描いた『帰郷』、ベトナム帰還兵のジョン・ランボーが社会から疎外され、アメリカの田舎町で戦闘を繰り広げる『ランボー』などの傑作を生んだ。ベトナム帰還兵の二人に一人が何らかの精神的トラブルを抱えたとされる。

ＰＴＳＤの概念はベトナム戦争を経て形成されるにいたったにせよ、兵士たちが抱える精神的トラブルの問題は、第一次世界大戦時から登場していた。第一次世界大戦は、戦争の歴史において二つの大きな特徴を持っている。ひとつは、国民総動員体制のもとで戦われた最初の世界大戦だということである。一般市民が徴兵されて戦場に送られるとともに、銃後の市民も軍事工場に徴用されるなど、すべての国民が戦争のために動員されたのである。もうひとつは、技術革新によって大量破壊兵器が登場するとともに、大量生産が可能になったことである。とくに航空機は、当初は偵察目的の利用であったものがやがて爆撃機として用いられるようになり、無差別絨毯爆撃を可能にした。以後、戦争被害者に占める非武装民間人の割合が戦争のたびに増加していくことになる。(11) また兵器の大量生産は、たとえばフランス軍だけで三億発の砲弾を消費することを可能にした。(12) その第一次世界大戦において、戦場で兵士が抱く恐怖心はそれまでと比べ物にならないくらい大きなものになった。いつどこから砲弾が塹壕に飛んでくるかも知れないのである。その恐怖の中で、さまざまな神経症の症状を示し、戦えなくなる兵士が登場することになった。

塹壕戦のさまざまな恐怖にたえまなくさらされるという条件下において精神的に崩壊する男性たちは驚くべき多数にのぼった。狭いところに閉じこめられ、孤立無援状態に置かれ、一瞬にして生命が吹き飛ぶ脅えにたえまなくさらされ、戦友たちが手足を飛ばされ生命を失うのをなすところなくただ眺めている他はなくなった兵士たちの多くがヒステリー女性そっくりの行為をしはじめた。兵士たちは金切り声を挙げ、すすり泣いた。抑えることはできなかった。金縛りとなり身動き一つできなくなった。無言、無反応となった。記憶を失い、感じる力を失った。精神科傷病兵はどんどん増えて、大急ぎで病院を挑発して収容しなければならなくなった。ある推定によれば、英国の傷病兵の四〇パーセントが〝精神崩壊〟mental breakdownである。軍の上層部は精神科傷病兵の報道を禁止しようとした。公衆の士気が低下するのをおそれてのことである。[13]

当時、そのような病気は近くで爆弾が爆発した際に生じる衝撃波による脳震盪と関係づけられ、「シェルショック（砲弾ショック）」と呼ばれたが、やがてその関係づけが断ち切られ、その病名は「戦争神経症」と同義で用いられるようになった。ジュディス・L・ハーマンによれば、医学界の論争は患者のモラルのあり方に集中し、伝統主義者は外傷神経症を発症する兵士は軍人としての資質が劣った人間で、臆病者であるとみなし、電気ショックで治療することを主張した。それに対して進歩派は、戦争神経症を士気の高い兵士にも起こる精神科的障害であるとみなし、精神分析の原則にもとづいた人道的な治療を推奨した。[14]後者の立場は、第二次世界大戦時の研究に受け継がれ、一九四一年に出版されたエイブラム・カーディナーの『戦争ストレスと神経症』に結実した。

いずれにせよ、第一次世界大戦当時、兵士を戦場に送り返すことを目的に、「魚雷療法」と呼ばれる電気ショックによる治療が行なわれたのである。「心の傷跡」では、日中戦争以降日本においても戦争神経症の問題が登場し、「電撃療法」と呼ばれる電気ショックによる治療が行なわれたことに触れ、陸軍病院の医療日誌に記載された一兵士の次の言葉を紹介している。

自分は支那人を殺したから、頭が悪くなったのでしょうか。〔殺したのは〕五、六人です。少ないほうです。（……）アレが怖いです。殺したらにらんでましたで。

この兵士は、自分の病気の原因を「支那人を殺した」ことに帰し、恐怖の源を相手の視線に見いだしている。この兵士の場合、恐怖の源はいつどこから降り注ぐかも分からない砲弾にあるのではなく、殺した相手の視線にあることは興味深い。殺人者が、事後になって被害者の目を脅えながら思い出すことは珍しいことではないのである。ヴィヴィオルカは、一九九四年にルワンダで発生したフツ族によるツチ族の大量虐殺にかかわったひとりのフツ族の言葉を紹介している。

けれども私は、情け容赦ない仕打ちの瞬間に私を見つめた最初の人を思い出します。それは、ものすごいものでした。殺される人の目は、死の瞬間にあなたの方に向けばいつまでも消えることがありません。その目は恐ろしい黒色です。それは、死の嵐の中においてでさえ、犠牲者らの血のしたたりや喘ぎ声よりも衝撃を与えます。殺される人の目は、殺す者にとって災禍になります。その目を見たら。[15]
殺される側の恐怖と憎しみに満ちた断末魔の目は、殺す側を恐怖に陥れる。イラクからの帰還兵アンドリュー・ライトの場合と同様に、殺した相手の目に脅える日本兵の反応もきわめて人間的なものである。言い換えれば、当たり前のことではあるが、殺される側も殺す側もともに人間であるということである。

ところで、すくなくとも日本の場合、戦争神経症に陥った兵士の中には、奇妙な恐怖心に苦しむ者もいた。『十五年戦争極秘資料集』の補巻二八の第五冊から第八冊が、国府台陸軍病院で戦争神経症（実際の診断名は「臟躁病」「ヒステリー」など）と診断された患者の「病床日誌」を収録している。その中で、「精神乖離性反応」と診断された患者が「戦地ノ夢ヲヨクミル。一番頭ニ浮ンデクル行軍シテル夢トカ味方カラ射撃サレル夢ナンカヲヨクミル」[16]と言っている。また、「精神分裂病」と診断された患者は「誰カ自分ヲ殺シニ来ル様ナ気ガシテドウシテモ寝ラレナカッタ。一時ハ戦友ガ銃剣ヲ以テ僕ヲ殺ス真似ヲシタガ冗談ト思ッテイタガ次第次第ニホントニ殺サレル様ナ気ガシテ来タ」[17]と言っているのである。

他方で、「精神乖離性反応」と診断された別の患者が「支那人ニ対シ極度ノ恐怖ヲ感ジ支那人ハ凡テ便衣隊ナリ」[18]と口走るのは、一般的に広くみられる敵に対する恐怖心であり、ベトナム戦争やイラク戦争などでの兵士の恐怖心と源は同じである。日中戦争において、中国兵が便衣（軍服でない一般の服）を着てゲリラ戦術を採りもしたことから、ベトナムやイラクで米兵が遭遇したのと同種の状況が現出したからである。

しかし、前の二例では味方から殺されるかもしれないという恐怖心が表明されている。これが日本特有の現象なのかどうかについては、今後検証しなければならないことであるが、すくなくとも日本軍における何らかの要因が関係しているであろうとは推測可能である。そもそも、軍隊はどの国のものであれ、極めて閉鎖的な社会であると言いうる。同じ価値観の強制、上官への絶対服従、衣食住のすべてにわたって画一化された生活、プライバシーの排除といったものによって特徴づけることができる。一種の密室である。加えて、旧日本軍の場合には他の国の軍隊にもまして極端な精神主義が支配していた。たとえば、天皇のために死ぬことが絶対的な価値としてあり、それは、一九四一年に東條英機が示達した「戦陣訓」の一節「生きて虜囚の辱を受けず、死して罪禍の汚名を残すこと勿れ」へと行き着いた。そのような精神風土の中で、敵に対して恐怖心を抱くことは皇軍兵士にとって許されないことである。これが重圧となって、敵から殺されるかもしれないという恐怖心が、味方から殺されるかもしれないという恐怖心に反転したとみなすことができるかもしれない。いずれにしても、今後詳細な検討を必要とするテーマである。

それはともかく、第一次世界大戦の終戦までに「英国陸軍軍医部の各隊は八万のシェルショック患者の治療を行ない、三万の兵士が神経性外傷 nervous traumaの診断のもとに本国の病院に後送された。戦後になると二〇万の退役軍人が神経性障害のための年金受領者となった[19]」という。

三　二重の非人間化

心に傷を負わせることなく兵士が持つ戦闘能力を引き出すための心理的研究と訓練の改良が、とくに第二次世界大戦時からアメリカにおいてなされるようになった。「心の傷跡」は、歴史学者S・L・A・マーシャルの研究（『発砲しない兵士たち』一九四七年）を紹介し、その後の訓練の改良を跡づけている。マーシャルは第二次世界大戦中の発砲率を最大で二五パーセントであったと推計し[20]、兵士が発砲を躊躇する理由について「人は同胞たる人間を殺すことに対してふだんは気づかないが、内面には抵抗感を抱えている。その抵抗感のゆえに、義務を免れる道さえあれば何とか敵の生命を奪うのを避けようとする。いざという瞬間に良心的兵役拒否者になるのである」と分析している。そしてマーシャルは、訓練を実際の戦闘に近い、よりリアルなものに改良すべきであると提言し、射撃訓練に人型の標的が用いられるようになった。次に引用するのは、「心の傷跡」で紹介された元陸軍士官学校教官ディーン・ウィリアムスの証言である。

兵士が他人を殺すことに抵抗を持つとすれば、それを克服する訓練が必要です。射撃訓練も、丸や四角の的をねらうのではなく、人間の形をしたシルエット標的を使います。そうすると兵士はこう考えるようになります。敵はあの人型の標的のようなもので、実際の戦場で自分が撃つのも人間のように見える物体なのだ、訓練でいつも人型の標的に向かって練習していることを実行すればいいのだ、と。これが心理的な抵抗を乗り越える方法でした。

この訓練の改良によって、朝鮮戦争における兵士の発砲率は第二次世界大戦時の二倍になったという。さらに「心の傷跡」は、一九六九年当時ベトナムに送る新兵に対する基礎訓練を行なった元訓練担当軍曹スティーブ・ハスナの証言を紹介している。

基礎訓練とは条件づけです。新兵から民間人の部分を消し去り、兵士に変えます。まず敵は人間以下だと教えます。ベトナム人は銃をまっすぐ撃つことすらできない、と教えたりもしました。あいつらの目は細くてものがよく見えない。アメリカ人の丸い目とは違うんだとね。敵を殺させるには、相手が人間だという感覚を徹底的に奪っておくことが重要です。なぜなら、敵も同じ人間だと感じたとたん、殺せなくなるからです。

茂みの中で銃の閃光や煙など何か動くものが見えれば、そのあたり一帯を撃ちまくります。もう喜んで撃つようになります。反射的にバーンと撃つ。その時はもう何も考えていません。

また、元陸軍少将ロバート・スケールズは、訓練の改良がアメリカ兵の戦闘能力を向上させたと評価して、次のように語っている。

その効果は劇的なものでした。ベトナム戦争までに、待ち伏せされたような状況で、兵士の戦闘への参加率は事実上一〇〇％になりました。兵士を不測の事態に備えさせるには、心理的な条件づけが重要です。接近戦の衝撃や激しさは予想をはるかに超えます。兵士をそれに慣れさせておくために、条件づけをするのです。

上の各証言は、兵士を「条件づけ」るために敵を非人間化する操作が必要であることを語っている。訓練において人型の標的を用いることによって、敵を人間ではない単なる的とみなし、動くものがあれば反射的に撃つように兵士を育てるわけである。とくに、「敵を殺させるには、相手が人間だという感覚を徹底的に奪っておくことが重要です。なぜなら、敵も同じ人間だと感じたとたん、殺せなくなるからです」というスティーブ・ハスナの証言はきわめて重要である。敵の非人間化は、人型の標的を用いた訓練に加えて、敵は人間以下で、ベトナム人は目が細くて銃をまっすぐ撃つことすらできないといった訓示によってもなされる。敵を徹底的に非人間化することによって、「喜んで撃つ」ように仕向けるのであるが、これは同時に兵士自身をも非人間化することを意味している。「新兵から民間人の部分を消し去り、兵士に変えます」という言葉は、「新兵から人間性を消し去り、殺人マシーンに変えます」と言い換えることができよう。つまり、「戦う道具」に変えるということであり、これはまた、訓練中兵士に「殺せ（Kill）」と叫ばせることによっても補強される。

それはさておき、兵士を「条件づけ」るための訓練の改良はより一層リアルなものへと改良されていくことになる。「心の傷跡」はアメリカ海兵隊ペンデルトン基地での訓練の様子を紹介している。そこでは、イラクの町並みを再現したセットが作られ、市街戦がシミュレーションされるのである。そのような訓練の改良にもかかわらず、アフガニスタンとイラクからの帰還兵全体の約二〇パーセントにあたる三〇万人がＰＴＳＤなどの精神的障害を抱えているとされる。そこで、市民を兵士に作り変えるだけでなく、兵士を市民に作り変えることも課題となる。元陸軍少将ロバート・スケールズの次の言葉がそれを要約している。

　戦闘というのは強烈な体験ですから、心の備え、いわば予防接種をしてやる必要があります。一度では効きませんから、戦場に送り込むたびに、何度でも事前に訓練をして予防接種を打ち、戦場の現実に直面させ、慣れさせる必要があるわけです。そして、いったん任務が終われば、戦争に対する意識を解除する、いわば逆の訓練をして、日常に連れ戻してやります。その繰返しが必要なのです。

ここで言われていることはようするに非人間化と人間化の繰り返しを行なうということである。このことは人間を自在に操ることのできるモノとみなし、その主体性を徹底的にもてあそぶことであり、国家による道具的暴力としてとらえることができる。ここでの道具的暴力とは、ヴィヴィオルカが表現的暴力と対置させている暴力概念である。表現的暴力は、道具的合理性を持たず、「媒介なしに直接的に、たとえば精神状態、情感、憤怒、憎しみを、あるいはまた文化、価値、アイデンティティを表現すること以外には何も目指さずに噴出する」熱いものであり、極端な場合には暴力自体が目的となる。それに対して道具的暴力は、目的に応じて動員される一資源、目的を達成するための一手段として行使される冷たいものである。「ある程度構造化されており、論証的に構成され、秩序立ち洗練されたやり方で作用」し、行為者は「程度の差はあれ理路整然とした組織化方法に依拠しながら、戦略と戦術を実行に移す」(21)。戦争自体、ひとつの道具的暴力とみなすことが可能であるが（戦争は、必ず何らかの目的を達成するための一手段として選びとられるのであるから）、兵士の育成もまた道具的暴力をなすと言いうる。

四　戦争における虐殺

ところで、戦争や紛争においてしばしば虐殺事件や捕虜虐待事件が発生する。一九三七年に日本軍が起こした南京虐殺事件、一九六八年三月、ベトナム戦争中に米軍が起こしたソンミ村虐殺事件、最近では二〇〇四年四月に明るみに出て世界中に衝撃を与えたイラクのアブグレイブ刑務所における米兵による収容者虐待事件など、枚挙にいとまがない。それらの事件において兵士が加害者であることは言うまでもないことであるが、その背景や事件が発生するプロセスをみれば、二重の非人間化と関係した側面がみられる。

ここでは、ソンミ村虐殺事件を取り上げてそのプロセスを概観しよう。一九六八年三月一六日、アメリカル師団第一一旅団所属チャーリー中隊のアメリカ兵一〇五名がソンミ村のミライ地区に入り、非武装民間人五〇〇人を虐殺した。この事件は、子ども、女性、老人までも無差別に容赦なく殺害しただけでなく、レイプした女性を殺害するなど、まず何よりも表現的暴力の様相を帯びたものであった。

兵隊たちの中には虐殺の間じゅう、はしゃいだり、大声を出す者がいたことを、カーターは記憶している。「若い連中はそれを楽しんでいました。自分のしていることについて笑ったり冗談を飛ばしたりしてる時ってのは、それを楽しんでるにちがいない」一人の米兵がいった。「おい、おれはもう一匹やったぞ」また別の兵がいった。「おれのも一匹記録しとけよ」メディナ大尉でさえ楽しんでやっているな、とカーターは思った。「人が楽しんで仕事をやっている時はわかるものさ」(22)

まず第一に、この事件は兵士の訓練の結果であるという側面を持っている。ヴィヴィオルカは、「彼らが非常に立派な兵士であることが分かった。彼らがミライに入って、与えられた命令を実行しえたのは、彼らが受けたすぐれた訓練の直接的な結果であると私は思う」という、チャーリー中隊訓練キャンプ幹部のひとりの言葉を紹介している。(23)兵士を非人間化し、何も考えずに「反射的にバーンと撃つ」ように兵士を育てる訓練が功を奏したというわけである。

第二に、訓示やプロパガンダによる敵の非人間化、あるいは、それに伴う偏見・蔑視の結果でもある。スティーブ・ハスナの言葉「まず敵は人間以下だと教えます。ベトナム人は銃をまっすぐ撃つことすらできない、と教えたりもしました。あいつらの目は細くてものがよく見えない。アメリカ人の丸い目とは違うんだとね」は、ベトナム人を非人間化する訓示を行なったことを語っているが、これは同時にベトナム人を蔑視することでもある。軍隊でこのような教育が広く行なわれていたことは、ベトナム帰還兵アレン・ネルソンの「軍隊では、ベトナム人はグークス（野蛮な東洋人、異形の者というような意味の差別語）であり、われわれとは違う生き物だと教えられ、そう思い込んでいたのです」[24]という証言が裏付けている。

第三に、自軍の兵士が殺傷されるのを見ることによる敵に対する敵意あるいは復讐心の増幅がある。S・ハーシュは、チャーリー中隊がソンミ村に入る以前に、中隊所属キャリー小隊の通信兵ウェーバーが狙撃されて戦死したことをきっかけに敵意が増幅していったと述べている。

小隊はウェーバーを殺したベトコンを呪った。（……）この事件はベトナム人に対する中隊の敵意を高めた。（……）チャーリー中隊の兵士たちはますます凶暴になった。[25]

第四に、指揮官の資質と軍紀の乱れも背景にある。同じくS・ハーシュは、事件よりも前に軍紀が乱れはじめていたことを述べている。

チャーリー中隊の隊員の少なくとも二人によってベトナム女性の強姦、虐待が始まっていた。中隊の若い隊員の中には心配するものもいたが、いまだに罰が下ったことはなかった。ある時、数人の兵隊が友好地域の米作地で働いている女性に声をかけた。マイケル・バーンハートの記憶によれば、かれらは、女の赤ん坊をとりあげてから「かれらは女を強姦した。そして殺した……おそらくあいつらは赤ん坊も殺しただろう」[26]。グループの中の一人は、この事件の間中、インスタマチック・カメラで写真をとるのに忙しかった。

この中で、軍紀が乱れていただけでなく、「いまだに罰が下ったことはなかった」と言われているように、指揮官が軍紀の乱れを放置していたことも示唆されている。また、指揮官のメディナ大尉が事件の前日に下した命令はあいまいさの残るものであった。

中隊の間では、メディナがほんとは何を命令したか、ということをめぐってするどい意見の交換があった。多くの者は大尉は村にいる人間を全部殺せと命令したと考えた。他の者は、かれはいつもの——より感情的ではあったとしても——索敵殲滅任務の命令をしたと考えた。数人の者はメディナはあいまいだったと感じた。まるで翌日の、個々の兵隊の感覚や意識に、かれの命令の解釈の余地を残そうとしているようだった。[27]

あいまいさの残るものではあったが、多くの者は皆殺しの命令が出されたと受け止めた。この命令について「するどい意見の交換があった」のは、皆殺しの命令というものは、軍隊において異常な命令だからである。

ハリー・スタンリーは後にＣＩＤ〔陸軍の犯罪調査部〕で証言したが、そのときかれは、メディナが「わたしたちに〈村にいるものを全部殺せ〉と命令しました。わたしの分隊の兵隊たちは、その夜、このことを話しあいました」と言った。「なぜなら、その命令は……それほど異常だったからであります。メディナのいわんとしたことは、村中の男、女、こどもを皆殺しにしろということだ、われわれはみな一致してそう考えました[28]」

そして第五に、兵士間での競争という要素もみられる。

ことが終ってから数時間、チャーリー中隊の大多数の者は依然として緊張していた。話すことはたくさんあった。が、その大半は、この日に幾人ベトナム野郎を殺したかということについての自慢話だった。ハリー・スタンリーの記憶によれば、中隊の三人の兵はミライ第四地区でだれが一番多く住民を殺すかという競技をしたという。(29)

だれが一番多く住民を殺すかという競技は、兵士が互いに手本であると同時にライバルとなることを意味するが、これは、まさにルネ・ジラールがいう模倣的欲望（三角形的欲望）の構図を連想させる。ジラールによれば、ある対象が欲望の対象として主体にたち現れるのは、対象そのものが主体にとって望ましいものだからではなく、手本となる他者がその対象を欲望しているためである。(30) ここでの対象はミライの住民であり、主体と手本との間（すなわち兵士同士）で競技という形をとった争いが演じられたとみることができよう。

以上のような諸要因が、ゲリラ戦術をとった南ベトナム民族解放戦線の兵士にいつ狙撃されるかもしれないという恐怖心からくるストレスなどと相俟って、表現的暴力の様相をもつ虐殺事件へとエスカレートしたと解釈できる。それら要因のうち、一番目と二番目の要因は、まさに訓練における敵の非人間化と表裏をなす兵士の非人間化のプロセスから直接的に派生したものである。それらの要因がまずあり、第三から第五の要因が重なったとみることができるが、いずれにせよ、訓練による兵士の非人間化操作がベースにあることは間違いないであろう。そして、殺戮に加わった兵士たちの多くが——この事件に心を動かされない者も少数ながらいたにせよ(31)——事後に苦しむことになるのである。

五　兵士の供給源――構造的暴力

「心の傷跡」に登場するアンドリュー・ライトをはじめとするイラクからの帰還兵たちは、大学に通う奨学金を得たいがために軍に志願した人々である。たとえば、「二度と思い出したくないイラクでの地獄絵を夢に見ます。とても正視できないような場面です。仕方がなかったと正当化しようとしても、心につきまといます。反乱者や悪党をどれだけ殺したにせよ、戦闘と関係のない民間人も殺したことに変わりはない。その思いが夜になると私を苦しめるのです」と証言する元海兵隊員ジョン・ハーシュは、奨学金を得ることを目的に志願したのであるが、アルコールに溺れ、二三歳にして人生設計を狂わせてしまったのである。

アメリカは、ベトナム戦争の終結とともに一九七三年に徴兵制を廃止し、志願制に移行して今日にいたっている。その中で、何が兵士の供給源となっているのかを概観することにしよう。以下、主として堤未果『ルポ　貧困大国アメリカ』に依拠しつつその具体的内容をみることにする。[32]

軍によるリクルートの対象となる第一は高校生であるが、これはさらに三つに分類される。その一つは、貧困層の高校生を対象にするもので、軍のリクルーターたちは、「(一) 大学の学費を国防総省が負担する、(二) 好きな職種を選ぶことができ、入隊中に職業訓練も同時に受けられる、(三) 信念と違うと感じた時は除隊願いを申請できる「良心的兵役拒否権」の行使が可能、(四) 戦地に行きたくない場合は予備兵登録が可能、(五) 入隊すれば兵士用の医療保険に入れる」という五つの条件を提示して勧誘する。このうち、若者たちの入隊希望理由の八～九割が (一) であり、次に多いのが (五) であるという (一〇二―一〇四頁)。

二つめは、移民家庭の高校生をターゲットにするものである。まず二〇〇二年に、永住権は持っているが市民権を持たない移民を対象に、入隊と引き換えに市民権を与えるという新しい移民法が成立し、二〇〇七年には、ビザを持っていない不法移民（米国内に約七五万人の不法移民がいる）にも対象を拡大した「夢の法律二〇〇七」と呼ばれる移民法が成立した。兵士の不足を補うと同時に不法移民の問題をも解決しようというものである。こういった移民法のおかげで、毎年約八〇〇〇人の非アメリカ人が入隊している（一〇八―一〇九頁）。

さらに三つ目として、「ＪＲＯＴＣ」（Junior Reserve Officer Training Corp）というプログラムも用いられている。一五歳から一八歳を対象にし、年間一八〇時間、四年間で七二〇時間の軍事教育・訓練を行なうもので、多くは「授業についてゆけない生徒や家が貧しいために学校を休みがちな生徒」がこのプログラムに登録する。そして、その四〇パーセントが高校卒業と同時に入隊するという（一一六―一一七頁）。

次に、コミュニティ・カレッジ（二年制大学）の学生・中退者を対象にしたものとして、「コミュニティ・カレッジ卒業後プログラム」（College First Program）が用意されている。コミュニティ・カレッジの学生の五〇パーセントがマイノリティの生徒で、中退する学生の多くがヒスパニック系であるが、二〇〇三年に「国防調査センター」が出版した『米軍勧誘ハンドブック』に、勧誘ターゲットとして「高校生と短大生、および短大中退者が最も効率が良い」と記載されている。「コミュニティ・カレッジ卒業後プログラム」は、先にコミュニティ・カレッジの学費を軍が負担し、卒業後に入隊するという契約形態をとるものである（一二四頁）。

学資ローンの返済に追われている大学生や卒業生もまた軍のリクルートの対象となっている（「学資ローン返済免除プログラム」）。学費が高額なアメリカでは、学資ローンを組むことが多い。「公立大学に通う学生のローン合計は平均で一万二〇〇〇ドル、私立大学に通う学生のローン合計は平均で一万四〇〇〇ドル。この平均値では卒業してからの月々のローン返済はそれぞれ一五〇ドル、一七五ドルで二〇～三〇年かかる」（一一九頁）。全米の学生の三三パーセントが学資ローンの受給者であると同時にクレジットカード（学費だけでなく文房具、教科書、食事の代金もクレジットカードで支払う学生が多い）滞納者であるという（一二六頁）。学資ローンをかかえた学生やその返済に苦しむ卒業生をターゲットに、「国防総省が返済額の大部分を肩代わり」するという条件で入隊を勧誘するのである（一三〇―一三二頁）。

さらに、「アメリカズ・アーミー」（America's Army）というオンライン・ゲームが開発され、陸軍が新兵獲得に利用している。「最新式の武器に正義と悪がはっきりとわかるキャラクター・デザイン」で、「主人公は常にアメリカ国旗がついた米軍の軍服に身を包み、他の兵士たちと連携してアメリカを守るために力を合わせるストーリー」となっている。二〇〇五年の時点で一三〇万人がユーザ登録しており、その数は年々増加する傾向にある。「新兵の訓練を一通りリアルに疑似体験した子供たち」は、ゲームを終えると現実世界でも同じことをしたくなり、このゲームによって、高校を卒業したら軍に入隊することを決める生徒もいるという（一三五―一三七頁）。

そしてさらに、民間軍事会社（あるいは戦争請負会社）によっても兵士が供給される。冷戦終結後、急成長をとげている一種の派遣会社であり、とりわけイラク戦争においてその存在が注目を浴びた。二〇〇四年夏の時点でイラクにいた民間の軍事要員の数は約二万人で、これはアメリカ軍兵員につぐ二番目に大きな兵員であり[33]、また同年九月現在でイラクに入り込んでいた民間軍事会社は少なくとも六六社、弱小企業や短期間契約の会社などを入れると企業数は常時一〇〇社を超える状態であったという[34]。なお、二〇〇七年五月二〇日の『朝日新聞』朝刊は、開戦から同年三月までの約四年間で少なくとも民間業者の九一七人が「戦死」し、一万二〇〇〇人以上が負傷したという米労働省の統計を報道している。

一口に民間軍事会社といってもそれが担う役割によってさまざまなものがある。軍事コンサルタントの役割を専門とするものもあれば、軍事訓練を主たる業務内容とするもの、専門的技術あるいは特殊技術を持つ要員を派遣するもの、武装警備要員を派遣するものなどがあり、またそれらの複数の役割を担うものもある。とくに戦闘要員や武装警備要員を民間軍事会社がリクルートする場合、世界中の貧困層がそのターゲットとなる。

以上のように、さまざまな手段で兵士がリクルートされるのであるが、オンライン・ゲーム「アメリカズ・アーミー」を別にすれば、そのターゲットの大部分は貧困層や下層階級に属す人々である。このことは、非人間化し徹底して「戦う道具」に仕立てようとする国家による道具的暴力の犠牲となる兵士の多くが、それ以前にすでに構造的暴力の犠牲者であったことを意味する。(35)

おわりに

以上みてきた、兵士の問題を軸に戦争が持つ暴力的側面をまとめれば、次のようになる。

(一) 戦争は、殺される人間を破壊するだけでなく、殺す側の人間をも（精神的に）破壊し、たとえばＰＴＳＤに苦しむ者を生み出す。

(二) 国家は、戦争目的のために徹底的に兵士を道具として扱い、訓練において、敵の非人間化と兵士自身の非人間化という二重の非人間化がなされる。これは、国家による道具的暴力であると言いうる。

(三) 戦争の現場（戦場）においては、表現的暴力（憎悪やサディズム的性向等の発現としか思われないような行為）が現れうるが、そのベースには訓練における二重の非人間化が大きく関与している。
（四）志願兵制下においては、兵員の充足は格差・貧困に大きく依存している。つまり、構造的暴力が兵士の供給源となっており、多くの兵士は入隊以前に構造的暴力の犠牲者である。

最後に、これまで述べてきたこととの関連で、ひとつ補足しておきたい。第二次世界大戦後の訓練の改良によって人型の標的が用いられるようになったこと、今日の訓練において市街戦がシミュレーションされること、新兵のリクルートにオンライン・ゲームが用いられること、これらには共通点がある。すなわち、疑似現実と現実の融合、言い換えれば、その両者の境界破壊という共通点である。この境界破壊は、さらに言えば、現実を疑似現実に取り込むことによってなされている。兵士を疑似現実世界に同化させ、兵士が送り込まれる戦場という現実世界をそれと同一視させるのである。

筆者は『人はなぜ暴力をふるうのか』において、サド作品に登場する放蕩者（リベルタン）たちがしばしば孤絶した空間に閉じこもる意味を「想像力」をキーワードにして述べた(36)。そして、彼らがそのような空間に身を置くのは、世界から身を引き離すことによって、逆に世界を想像力のうちに取り込み、世界全体を想像力の対象とするためであること、言い換えれば、世界を構成するすべての対象を非在化させ、それら個々の対象との関係から生じる呪縛から想像力を解放し、想像力に世界の全面破壊、すなわち全否定を実行させるためであることをみた。

上述の現実の疑似現実への取り込みはこれに近い構図を持っている。ただし、大きな違いがある。すなわち、サドの放蕩者たちは自らの意志によってそれをなすのに対し、兵士たちの場合は他者の意志によって動かされ、疑似現実世界の住人にされるということ、そしてサドの放蕩者たちの場合は対象が非在化されるのに対し、兵士たちの場合は対象はあくまで疑似現実化されるにとどまるという違いである。その違いのために、兵士にとって現実世界と疑似現実世界の境界は意識されないことになる（軍隊は密室に近いとはいえ、兵士は入隊する時に閉鎖空間に入るという意識はない。サドの放蕩者たちは意識的に閉鎖空間に入ることにより、想像世界とその外部たる現実世界を明確に区別する）。普通の人間たる兵士が戦場で時として残虐行為に走るのは、そこでの行為が疑似現実世界に属しているからかもしれないのである。そして、我に返った時、すなわち自分の行為が現実世界での行為であったことに気づいた時、兵士は苦しむことになる……。

注

（1）「戦争という暴力」、海老澤善一・他『人はなぜ暴力をふるうのか』梓出版社、二〇〇四年所収、一四七頁。

（2）二〇〇八年七月一三日付『中日新聞』朝刊。

（3）二〇〇七年一一月一三日、照屋寛徳衆議院議員のイラク帰還自衛隊員の自殺に関する質問に対して、政府は、テロ対策特措法に基づいて延べ約一万九〇〇人をインド洋に派遣し、イラク特措法に基づいて「延べ約五千六百人の陸上自衛隊員、延べ約三三〇人の海上自衛隊員及び延べ約二八七〇人の航空自衛隊員を派遣してきた」とし、それら「隊員のうち在職中に死亡した隊員は、陸上自衛隊が十四人、海上自衛隊が二十人、航空自衛隊が一人であり、そのうち死因が自殺の者は陸上自衛隊が七人、海上自衛隊が八人、航空自衛隊が一人、病死の者は陸上自衛隊が一人、海上自衛隊が六人、航空自衛隊が零人、死因が事故又は不明の者は陸上自衛隊が六人、海上自衛隊が六人、航空自衛隊が零人」であり、「退職した後に、精神疾患になった者や、自殺した隊員の数については、把握していない」と答弁している（内閣衆質一六八第一八二号）。そして、一一月三〇日、その答弁の内容についてさらに問いただした、同じく照屋寛徳衆議院議員の質問に対して、政府は、イラクから帰国した後に自殺した者が八人、インド洋から帰国した後に自殺した者が八人であることを明らかにしているが（内閣衆質一六八第二五一号）、ＰＴＳＤあるいは精神疾患によるものであるかどうかは明らかにしていない。

（４）『最新　医学大辞典』第二版、医歯薬出版、一九九六年、「心的外傷後ストレス反応」の項。

（５）スイス人アンリ・デュナン（一八二八―一九一〇）が、イタリア統一戦争中のソルフェリーノの戦い（一八五九）での惨状を見て、負傷者の救済を世論に訴えた結果、一八六四年に赤十字に関するジュネーヴ協約が成立し、国際赤十字社が発足した。ただし、この時にはまだ兵士の「心の傷」は問題になっていない。

（６）たとえば、フランスの法医学者アンブロワーズ・タルデュー（一八一八―七九）は『子どもに対する暴力と虐待に関する法医学的研究』を著した。文学作品を見れば、フランスの童話作家セギュール伯爵夫人（一七九九―一八七四）の作品『かわいい悪魔』において、主人公のシャルルは両親を失い、意地悪なマック・ミシュ夫人に養われるが、さまざまな虐待を受ける。また、ヴィクトール・ユゴー（一八〇二―八五）の『レ・ミゼラブル』に登場するコゼットは、娼婦の私生児で、幼い頃料理店に預けられて酷使されていた。

（７）たとえば、イギリスでは児童虐待防止保護法が一八八九年に制定されている。

（８）戦争被害者に占める民間人の割合は、第一次世界大戦の五パーセントから第二次世界大戦では五〇パーセントに上昇し、一九九〇年代には九〇パーセントに達した（ミシェル・ヴィヴィオルカ『暴力』田川光照訳、新評論、二〇〇七年、八四頁）。

（９）ビアフラ戦争（一九六七―一九七〇）が契機となって人道的介入権が提唱されるようになった。ナイジェリアでは、一九六六年のクーデターでハウザ族が実権を握って以降、イボ族への襲撃事件が多発し、イボ族は東部州に流入した。連邦政府が東部州への経済封鎖を実施したため、六七年五月、東部州は「ビアフラ共和国」として独立を宣言したが、これに対して連邦政府が宣戦布告し、内戦がはじまった。内戦は、七〇年一月にビアフラ政府が降伏して終結したが、この内戦中に大量の餓死者が出た。なお、この内戦が契機となってＮＧＯ「国境なき医師団」が誕生することになった。

（10）ヴィヴィオルカ、前掲書、八八頁。

(11) 注(8)を参照。
(12) 猪口邦子『戦争と平和』東京大学出版会、一九八九年、五三頁。
(13) ジュディス・L・ハーマン『心的外傷と回復〈増補版〉』中井久夫訳、みすず書房、二〇〇八(一九九九)年、二五頁。
(14) 同書、二五—二七頁。
(15) ヴィヴィオルカ、前掲書、二五六—二五七頁。
(16) 『戦争と障害者』(『十五年戦争極秘資料集』補巻二八)、第五冊、不二出版社、二〇〇七年、一一四頁。
(17) 同書、一〇一頁。
(18) 同書、九五頁。
(19) アラン・ヤング『PTSDの医療人類学』中井久夫・他訳、みすず書房、二〇〇一年、四五頁。
(20) なお、デーヴ・グロスマンは、第二次世界大戦中にアメリカ軍戦闘機が撃墜した敵機の三〇~四〇パーセントは全戦闘機パイロットの一パーセント未満が撃墜したものであり、ほとんどのパイロットは一機も撃墜していないどころか撃とうとさえしなかったという事実を紹介している(デーヴ・グロスマン『戦争における「人殺し」の心理学』安原和見訳、ちくま学芸文庫、二〇〇四年、八三—八四頁)。
(21) ヴィヴィオルカ、前掲書、一九四—一九六頁。
(22) S・ハーシュ『ソンミ　ミライ第四地区における虐殺とその波紋』小田実訳、草思社、一九七〇年、七九頁。
(23) ヴィヴィオルカ、前掲書、二六四頁。
(24) アレン・ネルソン『戦場で心が壊れて　元海兵隊員の証言』新日本出版社、二〇〇六年、二〇頁。
(25) ハーシュ、前掲書、四二—四三頁。
(26) 同書、五〇頁。

(27) 同書、五七—五八頁。
(28) 同書、五八頁。
(29) 同書、一〇九頁。
(30) ルネ・ジラール『欲望の現象学——ロマンティークの虚偽とロマネスクの真実』古田幸男訳、法政大学出版局、一九八二年を参照。
(31) S・ハーシュは次のように書いている。

数名の兵士たちは——ほんの数名であるとはいえ虐殺について心を少しも動かされなかったようだ。あとになってさえもである。「わたしはそんなことで悩みはしない」ジョン・スメイルは主張した。「第一わたしはそこへは行きたくなかったんだ。ベトナムのやつらは大嫌いだったし、実際わたしはやつらを憎んでいたよ」（S・ハーシュ、前掲書、一三六頁）

(32) 堤未果『ルポ　貧困大国アメリカ』岩波新書、二〇〇八年。以下、このルポについては参照頁を本文中にカッコで示すことにする。
(33) P・W・シンガー『戦争請負会社』山崎淳訳、NHK放送出版協会、二〇〇四年、八頁。
(34) 松本利秋『戦争民営化——一〇兆円ビジネスの全貌』祥伝社新書、二〇〇五年、一九九頁。
(35) ガルトゥングは、平和を暴力の不在あるいは低減であると定義し、暴力を直接的暴力、構造的暴力、文化的暴力の三つに分類している。直接的暴力は、「主体のある行為」によって物理的あるいは言語的に身体、精神、心を傷つけるものであるのに対し、構造的暴力は、たとえば貧困、格差、医療体制の不備など、社会的構造からくる「主体なき行為」によるものである。また、文化的暴力は、たとえばナショナリズムなど、直接的・構造的暴力を正当化・合法化するために役立つ文化の持つさまざまな側面である。ガルトゥング、藤田明史『平和学入門』法律文化社、二〇〇三年を参照。

(36)「文学と暴力——サドの場合」、海老澤・他、前掲書所収。

第五章　近代天皇制とキリスト教
——日本近代史における「国家と宗教」の暴力一考——

常石希望

はじめに

M・ウェーバーの国家の概念規定に従えば、国家こそは暴力の最高独占者である。国家は、一定の領域内においてではあるが、法を制定し、行政を独占し、司法や警察権を独占し、他国との戦争開始の決定権を有し、国民を戦争に駆り出す権限を有す。自国の領土という一定領域内において、国家以上に暴力を独占しうるものはない。とくに、その国家の暴力独占性が、例えばヒトラー政権下や一五年戦時下日本のように、「異常な国家」によって発揮されるとき、そこで生み出される暴力体系も「異常な暴力」となるのは避けられなかった。

次はヒトラー統治下、子供たちが「食前の感謝」として唱えさせられていたものである。

総統よ、神から私に与えられた私の総統よ！
私の生活を長く保ち守って下さい。

あなたはドイツを深い苦難から救い出して下さいました。
私は、今日も、あなたに私の日毎のパンを感謝します。
どうか私のそばにいつまでもとどまり、私を去りませんように。
総統！　私の総統！　私の信仰、私の光！　私の総統、万歳(1)

同様、次は戦時下日本キリスト教における「聖語交読（交読文——礼拝などのなかで司式者と会衆が印刷物された聖書のことば等を交互に朗読）」の一例である。

司式者　戦にたけき主よ　願くは忠誠武勇なる皇軍（天皇の軍隊）を護《まも》り、
会　衆　力戦奮闘護国自衛の務を果さしめ　聖戦《みいくさ》の目的を遂げしめ給へ。
司式者　主よ願くは我が国民をして恭《うやうや》しく大詔《たいしょう》（天皇の言葉）を奉戴せしめ、
会　衆　大君《おおきみ》（天皇）に仕へまつる事によりて栄光を顕はすことを得しめ給へ。
会　衆　聖戦のさなかにありて我が日の本を護り　八紘為宇《はっこういう》の尊とき使命を果さしめ給へ。
会　衆　速かに東亜の平和確立地の極《は》てまでも　御国《みくに》を拡《ひろ》めしめ給へ(2)。

ドイツというキリスト教国家に対し、日本は当時国民比〇・三パーセントぐらいのキリスト者しかおらず、またその他の点でも両国の宗教状況は根本的に異なる。にもかかわらず、「異常な国家」が「キリスト教」という宗教のなかに、「総統、ヒトラー」や「天皇」を、神あるいはそれに類する位置に取って代わらせようとしている点では、両者は驚くほど一致している。そこでは、暴力を独占しうる「国家」が、なぜか「宗教（キリスト教）」の形を借りようとしている。

本稿は、まずかかる「国家と宗教」の問題を、日本の明治期に限定し、神社問題を中心に考えようとする（第一節）。そして第二に、上述の「食前の祈り」であれ「聖語交読」であれ、それらは「当時のキリスト教」がそれを「公認」あるいは「妥協」しない限り、実施できるものではなかった。従って具体的には、異常国家であるナチズムや天皇制軍事国家に対するキリスト教界との関係、あるいはキリスト教側の対応というものを課題とし、一部の資料を中心に考察する形で、戦時下日本キリスト教に限定して捉えたい。つまり上の第一点とは異なる視点から「国家と宗教」の関係を「宗教（キリスト教）」の側から考えようとする（第二節）。

一　天皇制の宗教と暴力

日本の機軸と宗教

維新の政治体制を早急に確立しなければならなかった指導者たちにとって、最大の政治課題は、欧米列強の帝国主義から日本を守り、そのため早急に欧米の文明と技術を学び取り、富国強兵を実現し、よって「欧米列強と肩を並べる」日本を建設することであった[(3)]。そのために彼らが最終的に選択したのは、権力一極集中主義、すなわち絶対的中央集権国家であった。しかし、それが実際にはどのようなものであるのか、彼らは知らなかった。彼らが生きてきた徳川幕藩体制というのは、世界史にもまれな半中央集権・半地方分権という中途半端な政治体制だったからである[(4)]。そのとき、彼らが列強諸国の中央集権制をモデルとして学習したのは自然なことであった。その結果、「廃藩置県」、

「納税、収税の一律化」、「徴兵制の確立」およびそれとワンセットである「義務教育制」など、「権力一元化」を目指すさまざまの政策を実現していった。しかし、これら個々の理にかなった政策をいくら積み重ねても、「絶対的中央集権制」あるいは「一極支配体制」が実現できるものではないことを彼らは知っていた。国家と国民全体を統合しうる「理念」、あるいは政治的「核」がなくては、いわば画竜点睛を欠くことを知っていた。

一般に政治体制と言うものは、「民衆」の支持と「民衆」の忠誠・忠実というものがなくては決して成立しえない。いかなる政治体制といえども、ただ単に「力と強制」だけで民衆を支配し続けることは不可能であった。力と強制に加え、民衆の支持と忠誠がなくては、もたないのである。それゆえ、古代いらい王や皇帝たちは、この民衆の支持と忠誠を取り込むために、みずからを「天の子」「天子」としたり、みずからに何らの宗教性を賦与しようとして腐心してきたのである。これは、ヒトラーのような短時間の独裁政権においてさえ妥当する。明治の指導者たちが、かかる「理念」と「核」を求めたのも当然のことであった、しかも上述のごとく、従来の日本人の精神支柱は「藩」という地方分権制にしかなかったのである。この「藩・地方制」を超越する、いわば日本全体をスッポリと包み込むような、民衆統合のための「理念」「核」を設定しなければならないという課題に直面させられていたのである。

伊藤博文はこの「理念・核」のことを、のちに「機軸」(「国家の機軸」「我が国の機軸」)と称し、次のように言う。(5)

> 機軸なくして政治を人民の妄議《もうぎ》に任《まか》す時、政《まつりごと》はその統紀《とうき》を失い、国家もまた廃忘《はいぼう》す。
> そもそも欧州に於《お》いては、………宗教なるものありて、之《これ》が機軸をなし、深く人心に浸透して、人心は此《ここ》に帰一せり。

然《しか》るに我国に在《あり》ては、宗教なるもの其《その》力微弱にして一つも国家の機軸たるべきものなし。仏教は一たび隆盛の勢《いきおい》を張り、上下の人心を繋《つな》ぎたるも、今日に至《いたり》てはすでに衰替《すいたい》に傾きたり。神道は祖宗の遺訓に基き之を祖《そ》述《じゅつ》すといえども、宗教として人心を帰向《きこう》せしむるの力に乏《とぼ》し。我国に在《あり》て機軸とすべきは独《ひと》り皇室あるのみ。

右は伊藤の演説である。それも「大日本帝国憲法」発布（明治二二、一八八九年）の六カ月前に、枢密院で同憲法の趣旨を説明するため、伊藤が行なった演説であった。ここで伊藤（あるいは岩倉具視、井上毅《こわし》ら）が、「国家の機軸」従って「憲法の機軸」ともなる「機軸」を、「欧州の宗教」すなわち欧米の「キリスト教」を具体的な一つの実例として認めている点は注目すべきであろう。明治初期「欧米使節団」が学んできた一つはこの点でもあった。その前後多くの官僚や留学生たちが、ほぼ共通して驚かされたのは、欧米の富国強兵の秘密がその「宗教」「キリスト教」に隠されているという発見であった。こうした発見は、残念ながら、韓国など他のアジア諸国にはほとんどなかったと言ってよい。日本人の優れた政治的あるいは文化的発見である。事実、伊藤博文は憲法発布の約五年前、明治一七年ごろ「キリスト教の国教化」を唱えたと噂《うわさ》される事件を起こしている。キリスト教徒、津田仙の娘、津田梅子（のちの津田塾創設者）が伊藤家の家庭教師を勤めていたのが原因となった噂であったが、西洋の「宗教」キリスト教をこうした面では高く評価していた伊藤であったからこそ、このような噂が出たわけでもあった。この事実は、井上毅が伊藤に送った書簡資料にも残されている。[6] またすでに明治四年、中村正直は『擬泰西人上書』を書き、キリスト教を日本の宗教として採用し、天皇のキリスト教への改宗を説いているのも、かかる歴史的文脈のなかで理解すべきであろう。

「伊藤の演説」にもどろう。伊藤はこうした「宗教・機軸論」を発見しはするが、「しかし日本にそのような機軸となりうる宗教はない」、「仏教もダメ」「神道もダメ」、従って「我が国において機軸となりうるものは、ただ皇室あるのみ」と言う。

しかしながら問題は、ここで伊藤の言う「皇室」あるいは「天皇」の〝宗教性〟である。日本にはそんな「宗教」はない、だから「皇室」でいく、「皇室・天皇」を「機軸」として進む、と伊藤は言うが、しかしその「皇室・天皇」が十分に「宗教」なのではなかったのか。つまり、天皇を現人神《あらひとがみ》、すなわち神の位置にまで押しやり、皇室の祖先をアマテラスオオミカミという高天原《たかまがはら》神話のカミに置き、天皇はさまざまな祭事、とくに皇室神道の祭司宮司でもあり、いわゆる祭政一致の政体をくわだてたが、これらすべての中心に位置する「機軸」としての「皇室」「天皇制」とは、それ自体が一個の「宗教」ではなかったのか。天皇と皇室につらなる伊勢神宮を頂点とした全国一七万箇所以上の神社への参拝は、宗教以外のなにものでもない。伊藤の言う「機軸は皇室のみ」の「皇室」とは、実際には以上のような現人神とカミガミへの信奉および神話への信奉をともなう宗教であり、神社参拝こそは宗教的行為であり、教育勅語という「経典」さえ有し、その経典に拝礼する宗教であり、「ご真影」という天皇の写真、すなわち天皇「像」に拝礼する宗教ではなかったのか。にもかかわらず、伊藤は「欧米の宗教のごとき機軸となりうる宗教は、我が国には存在しない」と言う。これは、はたして本当だったのか、それとも偽装なのか。

総じて、明治政府の政治政策は、その「理念」「核」の部分において、実はきわめて「宗教」と深い関連性をもつ。「宗教的」政治政策中心と言ってもよい。何よりも「天皇」と「神道」である。以下私たちは、「宗教の視点から」明治政府をとらえなおしてみたい。そのため次節では、まず上の「伊藤演説」につづく「大日本帝国憲法」の宗教性から考察したい。

「帝国憲法」と「信教の自由」

明治二二（一八八九）年「大日本帝国憲法（以下、帝国憲法）」が発布された。周知のごとくこの帝国憲法は、維新以来のさまざまの政変（例えば征韓論をめぐる西郷の退場、明治一四年の政変による大隈の退場など）を経たうえでの、明治政府による一応の政治的決着であった。この憲法は結局、昭和二〇年の日本敗戦まで生きつづけ、日本と日本人を支配した。同時に「皇室典範」も発表された。

憲法は全六章、七〇数カ条よりなるが、私たちのテーマに関連するものは「第一章、天皇」の一条、三条、および「第二章、臣民権利義務」の二八条、三一条である。

第一章　天皇

第一条　大日本帝国は万世一系の天皇が之《これ》を統治す

第三条　天皇は神聖にして侵すべからず

第二章　臣民権利義務

第二八条　日本臣民は安寧秩序を妨げず、及び臣民たるの義務に背《そむ》かざる限りにおいて、信教の自由を有す

第三一条　本章に掲げたる条規は、戦時または国家事変の場合において、天皇大権の施行を妨げることなし

第一、前節に述べた「天皇機軸論」から、帝国憲法はいきなり始まっている。日本という国を定義して、それは「天皇が統治する国だ」と言う。なぜ天皇なのか。憲法本文自体にその答えを求めると、「万世一系（第一条）」「神聖

にして侵すべからず（第三条）」という、実はきわめて宗教的な二つの用語に出会う。「万世一系」というのは、ただ単に天皇家の家系がずっと途切れることなく続いているという意味だけではない。(7) 先にもふれたアマテラスオオミカミまでさかのぼる記紀神話のカミガミを祖先とし、そのカミガミの子孫として天皇もカミである。しかも、『臣民の道』に「皇国臣民は、畏《かしこ》くも皇室を宗家《そうけ》と仰いで、一国一家の生活を営んでいる」と記されているように、日本臣民はその万世一系の皇室を宗家とする一大家族であり、天皇を「父」とする「子」に類比される。(8) これが「万世一系」の意味する他の半面である。従って、天皇は「神聖」なり、といきなり第三条に登場するのも、「万世一系」という第一条の「カミの子孫」を前提としているからである。天皇はカミの子孫、従って天皇もカミでありかつ臣民の「父」に等しき存在である、よって天皇は神聖であり、日本統治の権を有すにふさわしい、という一連の論理の根底にあるのは、天皇神性という「宗教性」以外のなにものでもない。このように「帝国憲法」においてさえ、実はあからさまな「宗教」あるいは「宗教性」が秘められている。

第二、「宗教性」とは直接関係はないが、憲法本文でたいへん気になる「臣民」という用語について。臣民という用語は「第二章、臣民権利義務」に限ってほとんど各条に登場する。帝国憲法は「国民」「人民」の語はいっさい使わず、すべて「臣民」である。つまり「国民不在、人民不在」なのである。少なくとも言語上は。また内容面でも、いわゆる「人権」とくに「抵抗権」という権利は皆無といってよい。これを「時代のせい」、つまり「明治中期だったらそんなもんじゃないのか」と考えてはいけない。なぜなら、帝国憲法より八年も前の植木枝盛たちによる憲法草案「東洋大日本国国憲案（明治一四年）」には、「臣民」の文字はなく、かわりに「人民」「国民」のみが使われ、また国民の「自由」「平等」「権利」の文字が随所に輝き、とくに「抵抗権」に関しては次のように規定されている。(9)

第七一条　政府が非道をもって暴虐をふるうときは、日本人民は兵器をもってこれに抗することができる

第七二条　政府がこの憲法を無視し、人民の自由権利を害するときは、日本国民はかかる政府を覆滅《ふくめつ》して新しい政府を建設することができる

同じ時代に作られ、同じ時代精神を背負っているとは思われないほど、両者の差は著しい。ところで帝国憲法において言う「臣民」とは、具体的に何であろうか。「宗教的・臣民」の意ではないだろうか。この問いは、下にゆずる。

第三、「信教の自由」と「臣民」について。帝国憲法、第二章、第二八条は一般に「信教の自由」の条項と言われる。この日本史上初めて成文化された「信教の自由」のゆえに、明治二二年帝国憲法が発布されたその日、例えば日本中のキリスト者たちが喜び、一部のキリスト教指導者たちは「祝会」を開いて歓喜したと日本キリスト教史の諸書は伝える。しかし、その「信教の自由」とは何であったのか、憲法本文をよく吟味してみたい。

第二八条　日本臣民は安寧秩序を妨げず、および臣民たるの義務に背《そむ》かざる限りにおいて、信教の自由を有す

第三一条　本章に掲げたる条規は、戦時または国家事変の場合において天皇大権の施行を妨げることなし

右の「信教の自由」には、三点の条件が付加されている。一、「安寧秩序を妨げない限り」。二、「臣民たるの義務に背かざる限り」。三、「戦時などの非常時には、信教の自由よりも天皇大権が優先する」。「信教の自由」とは、以上

三点の条件付き「自由」であった。これに対し、例えば先にあげた植木枝盛憲法草案の「信教の自由」は次のごとくであった。

第五〇条　日本人民はいかなる宗教を信じるも自由なり

植木枝盛の草案には、「条件」がない。無条件に「信教の自由」を日本人民にあたえる。他方「帝国憲法」は三つもの条件をあたえる。

このうち、【条件・一】「(国家の）安寧秩序を妨げない限り」というのは理解できる。なぜなら、欧米においても「信教の自由」は決して無条件ではないのが一般的だったからだ。とくに「宗教を国家の機軸に据《す》えている」と伊藤たちの目に映った欧米キリスト教国では、キリスト教国であるゆえにカルト的集団やキリスト教異端への厳しい目が光っており、「信教の自由」は無条件というわけにはいかなかった。つまり、キリスト教国としての「国家の安寧秩序」を守るため、「信教の自由」にはなんらかの条件が付された。明治政府の宗教政策において、もっとも重要な役割を果たした官僚・井上毅《こわし》もこのことをよく知っていた。斉藤智朗によると、(10) 井上は当時すでに加藤弘之翻訳による『国法汎論』(一九世紀西洋の代表的憲法学者ブラチュリ著）を読み、同翻訳書にある、〝国家はキリスト教以外の外教やセクトに対して、それらを総管する権を有す、それは国家の当然の権である〟とする点などを熟知していた。また井上自身もプロイセン憲法を翻訳し、これらに精通していた。いずれにせよ、帝国憲法「信教の自由」のこの条件付けの設定は、井上毅や伊東巳代治らによるものとされる。

しかしながら、次に【条件・二】、「臣民たるの義務に背かざる限り」というのは、一体何なのか。「臣民」というのは、もとより「天皇の臣民」の意である。「臣」とは、本来儒教に由来する儒教の重要な徳目の一であり、自然と湧きでる崇敬の念を意味し、決して強制できるものではないとされる。つまり「臣」は決して「義務化」しうるものではなく、その限り「臣民」を「義務化」するのは矛盾である。事実、のちの『国体の本義』（天皇制の本格的教科書として文部省教学局が昭和一二年に発行）にも次のように記される。[11]

臣民が天皇に仕《つか》え奉《たてまつ》るのは、いわゆる義務ではなく、また力に服することでもなく、止《や》み難《がた》き自然の心の現れであり、至尊《しそん》に対し奉る自《おの》ずからなる渇仰随順《かつごうずいじゅん》である。

このように『国体の本義』に記されているように、「臣民」とは義務ではなく、力による強制でもなく、自然に湧きでる敬《うやま》いの心の現れであった。にもかかわらず帝国憲法は「臣民たるの義務」という表現を使う。「臣民の義務」と「臣民たるの義務」とでは、言語上の意味は明らかにちがってくる。つまり「臣民の義務」といえば、臣民が有す諸義務およびその一つの意、しかし「臣民たるの義務」とは「臣民であることの義務」、すなわち「臣民であることそれ自体が義務」の意となり、それまでは単に「臣民」であったものが、第二八条後半では急に「臣民であること自体の義務化」という巧妙なレトリックがしのび込んでいるのである。「天皇の臣民であること」、それをのちの『国体の本義』にも反する論理によって、「義務化」しておいて、そのうえでの「臣民たるの義務に背かざる限り」可能な「信教の自由」とは一体なんであろうか。「臣民の義務」とは、天皇を神として崇《あが》め奉《たてまつ》り、その写真「ご真影」を拝礼し、アマテラスオオミカミや記紀神話のカミガミを神とし、神社参拝し、大麻《たいま》という神符を自宅などの神棚に祭らなければならなかった。それが「臣民」であり「臣民たるの義務」であった。つまり「宗教的・臣民」である。従って「臣民たるの義務に背かざる限り」とは、それは天皇制神道という宗教信仰への義務に背かないことであり、そこには「信教の自由」などあるはずもない。帝国憲法に謳っている「信教の自由」とは「自由」どころか強制的義務を含む「不自由」、あるいは虚偽であった。むしろ第二八条は「臣民たるの義務」、すなわち「天皇の臣民であることを国民の義務とする」という宗教的「天皇臣民義務論」を堂々と宣言している条項であると言えよう。

また、【条件・三】は、第三一条「戦時などの非常時には、信教の自由よりも天皇大権が優先する」であった。「信教の自由」は戦時や非常時には、いわば天皇大権に飲み込まれ、作動しない仕組みとなっていたのである。しかしながら、日本のその後（明治二二年以降、敗戦まで）の歴史はといえば、周知のごとく戦争につぐ戦争の歴史であり、とくに一五年戦争期はその最たる時期でもあった。憲法第三一条に従えば、そうした戦時下においては、たとえ名目上ではあったにせよ、「信教の自由」自体が存在しない時代だったのだ。

神社は宗教に非《あら》ず――「神社非宗教論」

前節で「伊藤演説」および「帝国憲法」における、「宗教」概念の矛盾・不整合性について見てきたが、実は明治政府にとって「宗教」の問題、すなわち「宗教政策」はたいへん頭の痛い問題であった。そのため、初期の方針を明治時代を通して一貫してつらぬいたというわけではなかった。とくに「明治六～七年ごろ」を境にして、大きい変化を余儀なくされた。従って最初期（幕末・維新）には、すでにいったんは明確に決定していた宗教政策を、明治六～七年ごろ大きく転換せざるをえず、またその後も多少の紆余曲折を繰り返しながら、帝国憲法発布ごろまでに一応の決着をみたのであった。こうした明治政府の、いわば苦しい台所事情あるいは宗教事情が、私たちが前節にみた明治二〇年ごろの「宗教政策の矛盾点」としてあらわれていたのである。本節では、かかる矛盾の根拠・原因を追究しつつ、明治政府の宗教政策の本質にせまりたい。

『最初期の宗教政策』　幕末・明治最初期にかけ、政府要人たちが採ろうとしていた宗教政策は、「神道国教化」政策および天皇による「祭政一致」政策であった。神道を国の宗教として決めるということは、国家の政治元首としての天皇が、同時にその国の宗教の頂点にも立つことであったので、この場合の「神道国教化」と「祭政一致」とは、いわば一枚のコインの表裏関係にひとしかった。そのため、もし表がダメになった場合にはコインの価値は消え、他方も使えないという関係にあった。事実その通り、明治政府が明治五年ごろ「神道国教化」を放棄せざるをえなくなった時、「祭政一致」も解消される。以下にあげる五点は、明治最初期における政府の宗教政策、すなわち「神道国教化」「祭政一致」政策を実証する歴史現象である。しかも五点のいずれもが「明治元年」に、それも明治元年の一月から四月までに集中的に起きた出来事であり、さらに五点のいずれもがおそくとも明治六〜七年までには変更あるいは解消された出来事ばかりである。

（一）　明治元年（一八六八）三月一五日、「切支丹《きりしたん》邪宗門禁制の高札」が政府の公式機関である神祇事務局より通達され、掲げられた。このとき明治新政府は秀吉、家康がキリシタン禁制令を公布したように、何の抵抗もなくきわめて当然のごとくそれを公布したであろう。ただし、秀吉、家康がカトリック・キリスト教を禁止したのに対し、今回は実質的には、すでにその九年前に日本開教を始めていたプロテスタント・キリスト教を主とした禁教令であった。「信教の自由」などの宗教政策を、もしこの時点でも採用しようとしていたのであれば、とうていかかる「禁教令」は出せなかったであろう。

（二）　また幕末に長崎浦上地区などで発見された、いわゆる「隠れキリシタン」約四〇〇〇名に対し、「明治元年四月」、政府は太政官布告「長崎近傍浦上村の耶蘇《やそ》教徒処置方言上の件」という政令を発し、うち一四名を斬首刑に処した。いずれも明治元年のことであり、政府にとっての宗教政策からみれば、上の（一）に連続的ないたって自然で、かつ当然の処置として行なったものであろう。

（三）同元年三月二八日、「神仏分離の令」（神仏判然の令）を太政官より発令した。ここで言う「神仏」とは神道と仏教のこと。いわゆる「廃仏毀釈《はいぶつきしゃく》（排仏棄釈とも表記）」運動はこれによって本格的に起こり、全国各地での民衆による寺院の破壊や仏像仏具仏画の破壊が広まり、貴重な文化財が消滅した。区別できないほど「神・仏」混在化してしまっていた、いわゆる「神仏習合」から「神道」を浄化し救い出そうとし、そのため結果的に仏教を破壊しそうになった。もとよりこれは「神道国教化」の一環としての政策であったのは明らかであり、その結果、仏教あるいはキリスト教は、破壊されたり、首を斬られたりする宗教とされたのも自然の成りゆきであった。

（四）同元年一月、国家の政治組織の機構化に関し、総裁・議定・参与の「三職」につぐ、きわめて重要な「七科」、今日流に言えば「七省」を設置するに際し、「外国科（外国省）」「内国科」「海陸科」「会計科」「刑法科」など「七科」の「首位の座」と役割を与えていたのが「神祇事務科（祭祀、神祇を所管）」であった。(12) これらの政治機構は、すでに同年のうちからめまぐるしく変更されるが、それにしても「新政府最初の政治機構」であった上記は、やはり「祭政一致」および「神道国教化」という明治新政府の根本方針をよく示しているものと言えよう。

（五）同元年三月、「広く会議を興し万機公論に決すべし」で始まる有名な「五箇条の誓文」が公表されたが、実はこの公表形式そのものは、明治天皇による親祭として祭事の形で執り行なわれた。つまり、その後にはなかったと思われるほどの完全な「祭政一致」儀式としてなされている。天皇が実質上の神道の「祭司・宮司」としてこの祭事を主催した。場所は宮中の南殿の外、おそらくは斎場《さいじょう》には神聖さをあらわす玉砂利が敷き詰められていたであろう。斎場には「神籬《ひもろぎ》」（カミガミが宿るために立てたもので、庭などが斎場の場合には切った常緑樹など）を立てて、天神地祇《てんじんちぎ》（天の神、地の神）を呼び招き、公家、諸侯、政府要人、その他の多数の関係者など「群臣着座」のもと、この「誓約式」はアマテラスオオミカミ、スサノウノミコトの前に天皇も拝礼するという形式、すなわち完全な古式に則ってなされた。このときの「式次第」約一五項目が資料として残されているが、表題は「天神地祇御誓約祭ノ事」となっており、ちなみに式次第の最初は「一、午《うま》の刻群臣着座」、ついで「一、塩水行事（塩による場の浄化行事）」さらに「一、散米行事（新嘗祭《にいなめさい》など天皇家ゆかりの米を斎場に撒《ま》く行事）」から始まっている。[13] 上述したように、明治五〜六年ごろにはかかる「祭政一致」と「神道国教化」の方針は変更されるため、その後こうした大掛かりで公的な「祭政一致」行事はなされていない。もとより、今日でも皇居には三つの大きい「神殿」があり、そこでは今もさまざまな「祭事」が天皇によって行なわれている。しかしそれらは今は、いわゆる「皇室神道」、すなわち天皇家内部だけの神道祭事としてなされていて、規模、あるいは祭事の対象は、明治元年の「五箇条の誓文誓約式」のように大規模・公的性質のものではない。

以上、「明治元年」に限定した新政府の宗教関連事項のいくつかをみたが、これらから私たちは新政府の「宗教政策」、具体的には「祭政一致」と「神道国教化」の方針を認めることができよう。従って冒頭に述べた「伊藤の演説」に即して言えば、「日本の機軸」も実はまさしく西洋と同様「宗教」に据えていたのである。天皇を「祭祀」「政治」さらに「軍事」までの総帥《そうすい》とする「祭政一致」政体でいく予定であった。そして、事実「政治」「軍事」に関しては予定通り天皇機軸論で進んだにもかかわらず、なぜ「祭祀」の部分のみが、すなわち宗教政策のみが変化されなければならなかったのであろうか。どの部分が、どのように変化され、またその変化はなにを原因とするものだったのだろうか。以下、私たちは明治六〜七年ごろに宗教政策の「何が」「どのように」「なぜ」変更されたかについて検討しなければならない。

まず最初は、仏教政策に対する変更であった。明治元年「神仏分離の令」を発令し、その結果「廃仏毀釈」が全国的に広がった点はすでに述べたが、その三年後の明治四年「神仏判然は廃仏にあらず、毀釈合併は慎重にすべき件」が太政官より発せられ、仏教に対する態度軟化が始まる。これは一部は、仏教勢力の反発にもよった。しかしそれ以上に、いかに明治新政府が大政復古を目指すといっても、神道上の「復古神道」への純粋な復帰、すなわち習合しきった神道と仏教の混在化あるいは神・儒・仏の混在化を、本来の純粋な神道に戻すなどということが、そもそも不可能であったのだ。村上重良は、江戸時代の幕府による神社の運営自体が神道と仏教の「二重国教制」のもとでなされており、有力神社の運営の実権は実は寺の僧侶が掌握していた点、あるいは神社といっても有力神社は寺院と併設されている場合が多く、こうした寺社併設施設も寺院の方が大規模で運営実権も寺院に属している場合が多かった、などの点を挙げている。(14) いずれにしろ、このように複雑にシンクレティズム化した道教・仏教・儒教・神道のもつれを、たとえ政治的手続きを目的にしたものではあったとしても、簡単に解きほぐし、よって「古来の純粋な神道」あるいは「惟神《かんながら》の道」を採り出すことは困難であった。また、このように習合し神道と一体化している仏教は、現状のままでも政府の宗教政策にとって大きい支障はなかった。

問題は、キリスト教であった。キリスト教に対する宗教政策であった。明治政府の宗教政策における悩みの種は、仏教ではなく、キリスト教であり、あるいはキリスト教をめぐっての諸外国との関係と言ってもよい。明治元年の新政府による「切支丹邪宗門禁制の高札」「浦上（隠れ）キリシタン迫害」についてはすでに述べたが、そのとき政府はこれを当然の処置として行なったにもかかわらず、予想もしなかった事態が生じた。キリスト教禁止およびキリスト教迫害に対する、諸外国の猛烈な反発であった。明治初年当時の政府の宗教政策は、甘かったのだ。というより、井の中のカワズの譬えのごとく、欧米人のように「宗教」の価値や意義を考えることができず、またその本質も捉えることができず、むしろ宗教は愚民のためのものとして蔑視し、まして科学文明の発達した欧米がそんな愚かな「宗教」を国家の機軸に据えているなどとは思いもよらなかったのである。「日本人の非宗教性」というテーマは今日もよく論じられるテーマであるが、そうした日本宗教文化論の議論は他に譲るとしても、少なくとも明治政府の宗教政策の指導者たちは「宗教」を「世俗主義」の視点からしか捉えられなかったのである。[15]そのため、予想もしなかった諸外国の激しい反発と抗議にあわてた。それらの国々がキリスト教国（カトリック、プロテスタンタンを含む）であったのはもちろんのことであるが、しかし問題はそれら猛反発を示した諸外国の大部分が、日本が幕末つぎつぎと不平等条約を結んだ国々であったという点である。周知のごとく、この不平等条約を解消し「条約改正」を実現することは、新政府最大の課題の一つであり、それはどうしても果たさなければならないことであった。「条約改正」を実現してこそ日本ははじめて欧米の国々と「肩を並べる」ことができる、という認識は官民上下を問わず広く国民にも浸透していた。

明治四年一一月から翌五年九月まで約一〇カ月間、「条約改正」を主な目的としていわゆる「岩倉遣外使節団」がアメリカ、ヨーロッパなど一一カ国に木戸孝允、大久保、伊藤ら政府要人や留学生も加えると総勢一〇九名が送られた。なお、このとき使節団の随員の一人として急きょ抜擢されたのが井上毅《こわし》であり、のちの明治宗教政策のグランド・デザイナーとも称された井上毅の政界登場でもあった。ところが一行は、行く先々で「切支丹禁教令」や「浦上信徒斬殺・迫害」に対する激しい直接抗議や、現地の新聞報道などによる非難にさらされ続け、条約改正どころではなくなる。とくに、ベルギーのブリュッセルでは抗議のため集まった大群衆が、岩倉らの馬車を取り巻くという一大騒動がまきおこった。そのため岩倉らは、条約改正に関わる政府の宗教政策を根本から見直すよう、現地から上申書を電送で日本に送ったほどであった。[16] 岩倉、伊藤、井上らにとってこの体験は、根本的な宗教政策変更への決定的契機になったと予測しうる。

また明治五年には、のち文部大臣に就任し文教政策に功績を残した森有礼《ありのり》、当時駐米公使がReligious Freedom in Japan（日本宗教自由論）という英文による「信教の自由」についての提案文書を時の総理・三条実美にあてて、ワシントンから発送している。英文で約一〇頁ほどの短い内容は、むしろキリスト教の弁明に終始しており、Religious Freedom というより、Christian Freedom すなわち「キリスト教自由化論」と言える内容となっている。[17] さらに戸村政博は、明治五年ごろには多数の日本人留学生が帰国した年で、彼らの多くが欧米における自由主義を賛美し、とくに「信教の自由」は日本でもかならず実施すべきだと報告書に記して政府に提出した、という点を挙げている。[18]

これら「明治四、五年」の間に起きた一連の現象が、明治六年の「切支丹宗禁制の高札撤廃（太政官布告第六八号）」という「キリスト教禁止高札の撤廃」につながったのであり、[19] 同時にこの「変更」の背後にこそ明治政府にとっての、根本的な宗教政策の見直しが存在したのであった。なぜならその「変更」は単に上記の「高札撤廃」だけではなく、次のような注目すべき指令をも決定しているからである。それは、明治八年の「信教の自由保障の口達《こうたつ》（教部省口達書、明治八年一一月二七日）」である。[20]「口達」というのは公式文書の形を取らない「口頭」による準発令のことを言うそうだが、「文字資料」としても残されている。（口達という割には結構長い）その資料には「神仏各宗共信教ノ自由ヲ保障」する、といった文言がしばしばあらわれる。ここでは「切支丹」「耶蘇《やそ》教」「基督《キリスト》教」の文字はあえて一度も使っていないが、神道・仏教に信教の自由を与えるからには、のちの事情から判断しても、このとき実質的にはキリスト教にもその自由を与えていたと見るべきであろう。なによりもこの「口達」の表題は「信教の自由保障の口達」となっている。

以上のごとく岩倉遣外使節団や森有礼の進言、あるいは帰国した留学生の報告書などを「契機」とし、また条約改正を根本的「原因」として、明らかに明治初期政府は高札撤廃や信教の自由保障の口達など種々の「現象」に基づいて、おそくとも明治八年ごろには宗教政策を根本的に変更したと推定しうる。しかし本当の問題は、それら個々の変更政策にあるのではなく、その背後に存在する政府そのもの。換言すれば、それら変更をなす当の政府自体、その宗教政策自体の「本質」のどこが、どのように変更されたのか、あるいは変更されなかったのかという点である。すなわち政府の宗教政策全体のどういう核心部分が、どのように「変更」されたのか、あるいは「変更」されなかったのか、という点である。この「本質」の解明こそが、私たちの本来の関心である。結論から先に述べれば、実はそれがすなわち本タイトル「神社は宗教に非ず」「神社非宗教論」である。

ところでこの明治初期、宗教政策をめぐって政府が置かれていた状況とはどのようなものであったのだろうか。彼らは、明らかに相反し両立不可能な二つの命題のまえに、板ばさみになっていた。すなわち一方では、国家統合の理念として天皇を立て、天皇親政を実施すること、これは変更しようもない彼らの「根幹」であった。そしてそのためには、国民を天皇の臣下として国家統合しなければならず、その最良の方法は天皇に宗教的権威を与え神格を与え、国民にもそうした一つの宗教、「天皇制神道」という宗教を与え共有することであった。すなわち「神道国教化」である。西洋におけるキリスト教のように、天皇とその宗教を「国家の機軸」として据えることであり、この点も彼らには変更しようのない「根幹」であった。しかしながら、他方では「信教の自由」さえ認めないような国は欧米と「肩を並べる」どころか、前近代的な野蛮国として対等な付き合いもしてもらえなかったし、何よりも「条約改正」を実施してもらえなかった。「信教の自由」「キリスト教の自由」を公言しなくては「条約改正」という大課題の遂行はおぼつかない。「神道を国教にする」とは断じて公言しえず、しかも天皇制確立のために「神道国教化」はどうしても放棄できない。従って「信教の自由」はどうしても公言しなければならず、しかも実質的にはそんなものはとても認められず……。――たがいに相反し、両立しえないはずの、この「二律背反《アンチノミー》」を解くことは、果たして可能だったのか。

可能であった。井上毅を中心とする彼らは、いわば見事にこのアンチノミーを解いてみせた。すなわち、その解答が「神社は宗教に非ず」「神社非宗教論」であった。もとより、これは詭弁であり偽装である。しかしその詭弁・偽装の巧妙さのゆえに、少なくとも「政治的」にはこれが大手を振って闊歩《かっぽ》し、通用した。あるいは「宗教的」にも通用し、キリスト者の多くでさえ、「神社は宗教ではないのだから」と言って、神社参拝を容認した。

「神社は宗教ではない」ということは、宗教ではない以上わざわざ神社を「国教化」する必要がない、ということである。また、欧米に向けても（神社国教化に反対する日本人に向けても）、「神社は宗教でも、国教でもない」と弁明できた。他方「神社は宗教ではない」以上、神社をのぞく他の宗教には自由に「信教の自由」を容認でき、条約改正を願う相手国・キリスト教国に向けて、「日本は信教の自由を認めている国である」と弁明できた。以上は「神社は宗教に非ず」という半面、形式上の半面である。これによって先に挙げたジレンマの形式面は解消できた。――しかし同時に、「神社は宗教に非ず」の残りの半面、実質上の半面は、いわば宗教を超えた「超宗教」として神社を設定し直したという点にある。政府の定義に従えば、「神社は宗教ではない」しかし「日本人だれもがなすべき臣民の義務」であった。この「臣民の義務」の内容についてはすでに述べたが、それは天皇を現人神・神として認める義務、アマテラスオオミカミなど記紀神話を信奉する義務、天皇の像や神社に拝礼する等々の義務を含んだ「臣民の義務」であって、実質的には「国教」に等しかった。ここで政府はあきらかに、「宗教の定義」を改めて行なったのである。神社を「実定宗教（実際にある現実の宗教、歴史上の宗教）」から除外し、代わりに神社を「自然宗教（人間の心に記された普遍的宗教、歴史を超えた宗教）」、しかも全日本人に妥当すべき「超・自然宗教」として再設定したのである。従って実定宗教「神仏基」、すなわち教派神道（後述）、仏教、基督教《キリスト》といういわば一段低い実定宗教には「信教の自由」を与え、代わりに神社神道（後述）という一段高い超宗教には、「選択の自由」のない「臣民の義務」という名の実質上の国教化をなしたのであった。

「神社は宗教に非ず」とは、このような意味を含み持つ、いわば明治宗教政策の究極の詭弁、偽装であった。そしてこれによって、見事に政府はジレンマの状況を脱し、政府本来の初期宗教政策の目的も果たすことができ、また条約改正をはじめとする対外的な交渉も支障なく成し遂げることができたのである。事実「条約改正」は、この宗教政策に基づいて政府が発布した「帝国憲法」につづく、明治二七〜九年ごろまでに改正調印が完了された。

ところで「神社は宗教に非ず」という場合の、この「神社」という言葉の多義性にも、いわば政府による宗教政策変更の実態を隠そうとする「隠れミノ」が存在していた。ここで言う「神社」とは何であり、また何でないのか、この点についても明らかにしておかなければならない。この分野の研究者としてよく知られているのが村上重良である。以下は、主に彼の研究によった。(21)「神社」は宗教に非ず、と言う場合の神社とは「神社神道」のことである。伊勢神宮を本宗《ほんそう》とし、その下の一七万と言われる全国各地の大小の神社を国家の公的施設とするのが「神社神道」であった。単に「神社」と略したり、とくに天皇制との一体化を強調して「天皇制神道」とか、あるいは「国家の神道」という国教的意味を強調して「国家神道」とよばれたりする（「国家神道」という名を与えたのは村上であった）。明治政府が国教化したのも、また宗教を超えた「超宗教」としたのも、この「神社神道」（あるいは「国家神道」、「天皇制神道」）である。——これに対して「教派神道」というものを、上とは異なるものとして明確に区分設定した。「教派神道」とは、黒住教《くろずみきょう》、金光教《こんこうきょう》、天理教、御嶽教《みたけきょう》、出雲大社教《おおやしろきょう》、扶桑教《ふそうきょう》など、一般に「神道一三派」とも称された神道系の団体教団、実定宗教のことであり、おそくとも明治一五年ごろまでに政府機関である大教院・神道事務局から公的に分派独立を認められた神道系教団の総称である。またこれには、P・L・教団の前身であった「ひとのみち教団」のように、大正時代になってから「教派神道」の一派として認められた教団もあった。「教派神道」は「宗派神道」ともよばれる。政府が「宗教」として、仏教、キリスト教と並べて「信教の自由」を与えたのは、この「教派神道」に対してであった。つまり、一段低い「教派神道」は「信教の自由」の対象として選択権を与え、別格の「神社神道」のほうは宗教をこえた超宗教とし、「信教の自由」とは無関係な、選択の自由のない義務、すなわち「臣民の義務」として、全日本人に強制したのであった（なお以上の「神社神道・国家神道・天皇制神道」と「教派神道・宗派神道」の二項とは別に、「皇室神道」ということばも使うが、これは現代も皇室内部的に行なわれる「新嘗祭《にいなめさい》」や「皇霊祭《こうれいさい》」など天皇家に固有な神道宗教性を総称することばだと言えよう）。

　以上が「神社は宗教に非ず」の真意であり、「信教の自由」の実態、および「神道国教化」の実態である。この巧妙なトリックを介してこそ、明治最初期の宗教政策と明治中期以降の宗教政策は、はじめて矛盾なく総合的に見渡すことができ、理解可能となる。それは、井上、伊藤らによる実に巧妙で、見事に明治の難局を切り抜け、大成功を収めた偽装的宗教政策であった。

しかし同時に、その偽装はのちの日本の敗戦にいたる歴史的悲劇にもつながっていった。これらを象徴するかのごとき事件が、帝国憲法発布の日にすでに起こっている。先にもふれた「信教の自由」最推進派、当時文部大臣であった森有礼が、大雪の降るその日、国粋主義の壮士西野文太郎によって暗殺された。帝国憲法によって「信教の自由」がはじめて成文化され誕生した、まさしくその日は、「信教の自由」を一貫して主張してきた森が殺された日でもあった。虚偽の「信教の自由」が誕生した日は、真実の「信教の自由」を求めた者の死の日でもあったことになる。明治以来のこうした「宗教的偽装」が、今日の学校教育の場でなされる国旗掲揚や君が代と、全くの無関係であると誰が断言できようか。

『かのやうに』

ところで、こうして実質的に決定され強制された天皇制イデオロギーや神道国教主義に対し、一般国民は日々の生活のなかで、どのようにこれを受け入れ、どのようにこれと対処していたのであろうか。言い換えれば、本当に天皇は「現人神」「現御神《あまつかみ》」「明神《あきつかみ》」(22)であると信じ、日本がアマテラスオオミカミに始まる「肇国《しょうこく》」あるいは「神国」であると本当に信じ、記紀神話を本気で信じ、よって神社参拝、宮城遥拝、勅語奉読、ご真影拝礼等々の行為を本気で行なっていたのであろうか。

亀井勝一郎は、こうした明治以来の天皇制イデオロギーに対処した日本人の典型の一として森鷗外と、彼の作品の一つをあげている。鷗外といえばドイツ思想にも精通した文化人、小説家であるとともに、当時は医師として明治政府の軍事官僚でもあった。そんな鷗外が明治四五（一九一二）年に発表した短編小説『かのやうに』のなかに、亀井は鷗外の肉声・本音を一部認めつつ、次のように述べる(23)。

私がとくに〝かのやうに〟をとりあげたのは、明治から大正・昭和にわたって、少くとも知識人の天皇への態度がここに要約されてゐるやうに思はれるからである。程度の差はあれ、知識人は〝かのやうに〟、天皇に対してゐたのではなかったらうか。国民の広い層もさうであったかもしれない。しかし天皇に関するかぎり、〝かのやうに〟といふ表現自体すらゆるされなかった。鷗外がもし天皇に即して表現したならば、不敬罪にとはれたであろう。

短編小説『かのやうに』の主人公は、明治時代後半に生きる華族出身の新進の歴史学者、五條秀麿《ごじょうひでまろ》。新教育を受けた秀麿は、記紀神話の歴史性を疑い、また天皇家の重要な祭祀の対象である祖先の神霊の存在を疑っていた。しかし、その疑いを徹底化すれば恐ろしい「危険思想」とされるのは明白であった。そこで、秀麿が落ち着いたのが「……かのやうに」であった。〝絶対は存在しない、しかし哲学者たちは絶対があるかのように考える。神は父ではない、しかしシュライエルマッヘルは神を父であるかのように考えている。孔子は先祖の霊があるかのように祭ると言っている〟。思想、学問、宗教などは、事実として存在証明できないある物を、あたかもあるかのように立てること、仮定することから始まる。秀麿は言う。

ねえ、君、この位安全な、危険でない思想はないぢゃないか。

カミは事実ではない。臣民の義務も仮想である。地球が動かず太陽が巡回しているというのも事実ではない。「〝僕〟個人はそう認めざるをえない」。しかし同時に、それらすべてが事実であるかのように考え、振舞うこと。それが唯一残された方法なのか。

秀麿は言う。

〝かのやうに〟を尊敬する、僕の立場より外に立場はない。

これに対して、再び亀井は次のように言う。

ここには〝天皇〟のことは一言も出てこない。しかしこの引用から、鷗外は天皇を〝神〟として信じ切ることは出来ず、〝神であるかのやうに〟尊敬してきたと類推して果たして不当であらうか。いな天皇神聖化の否定の刃をすらひそめてゐたと言ってもいいのではないか。しかしその表現は危険思想だとはっきり自覚し、天皇制官僚としての保身を心がけてゐた。

国民は〝かのやうに〟思ひつつそれを胸底に圧殺したのではなかったのか。そこに崇拝の擬態が発生し、同時に一種の無関心が起こったやうに思はれる。そして擬態と無関心のうえに、〝かのやうに〟は、やがて政治的危機とともに〝（天皇は）神である〟といふ断定を誘発した。

天皇制の悲劇は、一面から言ふなら擬態の悲劇と言ってよい。戦後の天皇の〝人間宣言〟とは、事実上擬態からの解放の宣言であった。私は天皇自身が、自己を〝神〟と確信してゐたとはたうてい思へない。また〝神〟と信じきってゐた人も少数ではなかったらうか。言はば半信反疑の状態で、〝信仰の外観〟を呈してゐたのではなかったらうか。強権のもとでの、相互強制あるひは相互看視のうちに成立した〝神の外観〟であり、〝信仰の外観〟である。天皇制が政治的に無責任の一大体系であったのは、まづ宗教的に無責任の一大体系であったからではなからうか。

亀井によれば、知識人を含め日本人の多くは本気で信じていたのではない。そして何よりも、天皇自身がみずからをカミだと本気で信じていたとはとうてい思えない、と亀井は言う。しかし、信じられないものを信じている「かのように」装い続け、崇拝し続けることは、一種の「無関心」と、無関心による「断定」を誘うと言う。そのような過程全体を亀井は「擬態」とよぶ。そして、明治から敗戦までの天皇制を「擬態の悲劇」と言う。また、これらすべてが「保身」から始まることを鋭く指摘している。本当は信じられないカミと儀礼の宗教を強制されても、「かのように」の哲学に従い、沈黙と黙従に終始するのは「保身」のゆえであり、政府はこの「保身」欲を巧みに利用し、国民相互強制と相互看視のネットワークをつくり、擬態の天皇王国をつくったのだと言う。

さらに亀井はつづける。「保身」に始まるこうした擬態の王国が、いったん完成し動き始めると、次には……。

ひとりの警官の暴力すら、その最終の拠りどころを天皇の〝名〟に求めることが出来た。軍隊において、ひとりの上官の命令は天皇の命令とみなされた。

（しかしながら）天皇自身は一上官一警官の行動など知るよしもない。ところが一上官一警官の方は、究極の責任は自分にはないと思い込むことが出来た。

天皇という〝名〟だけが濫用され……、天皇の〝名〟による戦争遂行をはじめ、政治、裁判、教育、取締り、一切が〝名〟の濫用によって行はれた。

右に亀井が述べた「宗教的に無責任の一大体系」がこうしてはじまり、「これが……日本全体に浸透したのである」と結ぶ。

二　戦時下日本キリスト教と天皇制

抵抗なき臣民集団

キリスト者にとっての天皇制神道への対応、対峙は、鷗外の場合とは根本的に異なり、天皇を神であるかのように信じておこう、などと簡単に対応しえなかった。なぜなら、キリスト教は、イスラム教やユダヤ教と同様、自分たちの神以外のものへの礼拝、参拝、拝礼を「偶像崇拝」として厳しく禁止する宗教であるからだ。有名な「十戒」冒頭の第一戒、第二戒は次のように定めている。「第一戒　あなたはわたしのほかに、なにものをも神としてはならない」。「第二戒　あなたは自分のために、刻んだ像を造ってはならない。上は天にあるもの、下は地にあるもの、また地の下の水のなかにあるものの、どんな形をも造ってはならない。それにひれ伏してはならない。それに仕《つか》えてはならない[24]」。キリスト教のもっとも大切な教えである「十戒」のうち、冒頭の二つまでがこの「偶像崇拝」への禁止にあてられている。従って、歴史的にみた場合のキリスト教迫害史・殉教史の大部分が、まさしくこの偶像崇拝のゆえになされて来た。何よりも、キリスト教がキリスト教として成立しその地位を勝ち取ったのも、異教の神々を信じないためローマ帝国内の民衆から迫害を受け、やがてローマ帝国からも迫害を受け、それでも屈しないで抵抗と殉教の歴史を積み重ねてきた、という部分が重要な一因をなしている。初期指導者パウロもペテロも、ローマに捕らわれ殉教している。従って、歴史的にみた本来のキリスト教とは、そもそも「教育勅語」や「ご真影」「神社参拝」「現人神天皇」の類を「偶像崇拝」として拒否し、殉教してでも抵抗する宗教であった。本来それがキリスト教であり、キリスト教徒の姿であった。明治二四年、第一高等中学校での「教育勅語」奉読に際し、「不敬罪」に問われ「日本の歴史上、はじめて公に〝天皇神格化〟への挑戦者があらわれた」[25]と言われる内村鑑三の姿こそは、本来あるべきキリスト者の姿であったにすぎず、ローマ以来歴史上繰り返され続け、日本の江戸時代にも山ほどあった、さして珍しくもないキリスト者の姿にすぎない。それがキリスト教であり、キリスト教の歴史であったからだ。

ところが、現実はどうであったのか。現実に日本キリスト教がとった対応は指導者からはじまって、大筋において天皇制国家神道への妥協でしかなかった。とくに一九三一（昭和六）年の満州事変から敗戦にいたるまでのいわゆる「一五年戦争期」には、その傾向が顕著であった。この分野の古典的研究として知られている『戦時下抵抗の研究』は、日本キリスト教には「全体として、抵抗らしい抵抗がおこなわれなかった」と総括しているとおりである。[26]しかも、それだけではなかった。「抵抗らしい抵抗」がなかっただけではなく、結果的に言えば積極的な「協力」がなされていた。暴力をふるう者に対して単に「無抵抗」「抵抗なし」であることと、その暴力者の積極的「協力者」になることとでは、まったく意味がちがってくる。戦時下日本キリスト教は指導者を中心に、いわば単に黙した牛のごとく無抵抗であったのではなく、あの狂騒した時代において、むしろ脱兎のごとく積極的に天皇制神道国家に協力し、積極的に侵略戦争を支えたのであった。具体的には、富田満《とみたみつる》統理を中心とした神学者、牧師、長老の一部指導者たちが、自己保身あるいは自己所属団体の保身のため、国家に屈伏し、国家の宗教政策の「手先」となってさまざまの協力をなし、教会の指導者として一般信徒にこれを教育・強制し、また他民族のキリスト教界にまで神社参拝を強制し、よって日本キリスト教界全体が現人神天皇を信奉する国家神道の臣民集団と化したのである。次項では、こうした戦時下日本キリスト教の姿を、「富田満の朝鮮旅行」という資料を中心に分析考察し、またその他の若干の資料を通して、実証的に捉えたい

資料にみる戦時下日本キリスト教

本題に入る前に、まず戦時下日本キリスト教に関連した基本概念、基本用語兼概略を大まかに見ておこう。「キリスト教」という分野の特殊性のゆえ、それらなしでは、以下の内容は理解しにくいであろうから。

①「日本基督《キリスト》教団（略称「教団」）」。昭和一四（一九三九）年平沼内閣による「宗教団体法」の成立を受け、昭和一六年、カトリックは「日本天主教教団」、プロテスタントは「日本基督教団」として「教団」設立。政府（文部省宗教局が宗教全体を所管）の指令により、三教（神仏基）もそれぞれ「教団」として統合を強制され、その最高責任者として「統理」をそれぞれ置くよう指定された。プロテスタントも、当時三〇余の教派が一つの教団・「日本基督教団」という名称に統合され、「統理」には富田満牧師が就いた。宗教全体が、戦時下の統制におかれたわけであり、キリスト教も同様であった。②このとき、中心的役割をになって、政府側との交渉ほかを行なったのが「日本基督教会」という日本プロテスタント・キリスト教の教派の一つである。「日本基督教会」は日本最初に成立し、歴史的、神学的、教勢的（信徒数や教会数）にもっとも主流の教派であり、欧米ではカルヴィン系の長老教会、改革派教会の名で知られる教派が、日本（あるいは中国、韓国、などアジア圏）に宣教されたものである。植村正久が初期の代表的指導者で、のち高倉徳太郎など日本を代表する神学者を輩出。戦時下の指導者は、富田満、村田四郎、熊野義孝、

賀川豊彦など。③、①に述べた「日本基督教団」は三〇余の教派が、政府の強制によって一つの教団となったものであったが、加入した教派のうちベスト三は、「日本基督教会（会員数、六万二〇〇〇名）」「日本メソジスト教会（同、五万七〇〇〇名）」「日本組合教会（同、四万名）」、以下「日本バプテスト教団」「日本福音ルーテル教会」の順であった。[27]④敗戦後「日本基督教団」は、いったんは実質的に解消される。戦時下に強制的に組織化された統合教団であったからだ。しかし、敗戦後すぐ「日本基督教団」は名称も同じ「日本基督教団」として「再編」された。もとより、そんな戦前の「日本基督教団」であれば、戦後さっそく飛び出して元の教派名にもどった教派教団、新しく名称を付けて去った教派教団も多かった。しかしながら戦後もそのまま「（再編）日本基督教団」に残った教派教団も多く、今日も日本キリスト教の最大教派として存続し続けている（昨今は「日本キリスト教団」とカタカナ表記）。名称の混同を避けるため、戦前のそれを「旧教団」、戦後を「新教団」と略称区分して用いることも少なくはない。

本題にもどり、戦時下日本キリスト教の軌跡を資料によって、実証的に捉えよう。

『富田満の朝鮮旅行　資料』。昭和一三（一九三八）年、六～七月にかけて約二〇日間、富田満牧師（当時、日本基督教会・大会議長）は、東京発、下関を経て朝鮮半島の南端・釜山着、釜山からソウル、平壌を経て、最北端・新義州（現北朝鮮最北西部）まで、朝鮮キリスト教教会を訪問してまわるという当時としては大旅行をなしている。この旅行のうち「往《い》き」のほとんど全過程が『福音新報』第二二〇九～一一号の三号分にわたって、同行した『福音新報』の記者「随越智生（ペンネーム）」によって、肝心の部分は淡々と、全体的には詳細に記録されており、資料の分量は四〇〇字原稿用紙三〇枚近くにもなる（なお『福音新報』は植村正久が始め、明治、大正、昭和と続いている日本基督教会の機関誌、日本キリスト教界全体を代表する重要機関誌でもあった）[28]。実はこの旅行の肝心の「目的」

について、同資料は、なにも明言していない。冒頭に「日本基督教会と朝鮮長老教会との両者側からの要求で」と一言のべるだけで、それがどのような要求なのかについてさえ触れない。同資料が目的を明言していない以上、同資料を綿密に解読したり、あるいは他の関連資料などを調べるほかない。昭和一三年といえば、昭和一六年「日本基督教団」が政府の強制下組織され、富田満がその「統理」におさまる三年ほど前のことである。富田満はその時はまだ、日本基督教会という一教派の議長でしかなかった。しかしその時点で、富田は一体なんの目的で朝鮮大旅行を計画したのであろうか。

注意深く資料を読むと、富田以外にも何人かの人物が登場する。第一の人物は、資料に「記者」として登場する同行した記者「日高善一」。彼の名前は資料には一切出てこない。土肥昭夫は、この「記者」が昭和一三年から『福音新報』の主筆を務めていた「日高善一牧師（日本基督教会、豊島駒込教会牧師）」だとする。[29] 第二の人物は、六月一九日夜一〇時、東京駅からの出発まぎわに、クリスチャン衆議院代議士「松山常次郎」（日本組合教会、霊南坂教会長老が、富田との「打ち合わせのためとあって駆けつけ」た、と記されている。出発まぎわに「打ち合わせのため駆けつける」というのは、背後に組織立った何らかの計画の存在をうかがわせる。なぜなら、松山常次郎とは政府の外務参事官、海軍政務次官を務めた大物議員かつ神社参拝推進派のキリスト者であったからだ。第三の人物は、「卿司《ごうじ》慥爾《ぞうじ》氏」と記者がしるす人物である。東京駅を二人が出発し、翌日夜七時すぎに下関に着き、そこで「玉井牧師に不《ふ》図《と》、出会った」り、また「満州伝道を終って帰着」した賀川豊彦とは「行き違った」りしたあと、釜山行きの船「興安丸に乗り込むと郷司慥爾氏が同じく乗り込んで来た」と記される。文章の前後からみて、いかにも〝偶然の同船〟としか読めない。翌二一日朝、釜山到着後「議長（富田）は荒井旅館へ、郷司氏は木浦《モッポ》線へ、記者（日高）は大邱《テグ》へと別れ別れとなった」。しかし、その六日後、資料のかなりあとのほうに「二七日　郷司慥爾氏　南鮮を巡りて（ソウル）来着」とある。つまり、三人は下関から同じ船に乗り、釜山で別れたあと、六日後再びソウルで合流している。さらに、翌二八日、「午後二時から予《あらかじ》めの約束に従って、……議長、郷司氏及び記者は相携《あいたずさ》えて、総督府を訪問」。泣く子も黙ると言われた「朝鮮総督府」に、富田、郷司、日高の三人は「予めの約束」を取って「相携えて」訪問し、塩原学務局長、高尾学務課長らと接見し両者の「朝鮮統治、殊《こと》に基督教の教育、伝道に関し、全く役人離れのしたざっくばらんの説明を聴いて深い理解と信頼とを有するに至った」と記されている。この総督府との関係性こそは、実は彼らの「目的」をよく裏付けている。それのみか、組織的な彼らの「背後勢力」の存在を明確にする。ところで「郷司慥爾氏」が資料に登場するのは以上の三カ所だけで、それ以外は一切あらわれない。また、資料は、彼が何者であるかについても一切ふれない。しかし、この郷司慥爾も他の二人と同様、日本基督教会の有力牧師（白金教会）であり「戦時中、政府の弾圧下、日本基督教団成立に当り、富田満、村田四郎らの良き助言者として働き、また大会、中会を通して日本基督教会の政治、伝道、教職の育成に東奔西走[30]」した人物であった。つまり三人は、最初から組織的に手分けして、何らかの「目的」のため、当時の朝鮮教会（とくに長老教会）をまわっていたのであった。しかも、神社参拝推進派の大物議員「松山常次郎」長老が背後で関係しており、朝鮮総督府の「朝鮮統治」に「深い理解と信頼」を示すような関係であった。ここにおいて私たちは、この資料における問題の中心が、単に彼らの「目的」が何だったのかという点にあるだけではなく、むしろ彼らを含む「背後組織」あるいは「背後勢力」が何であるのか、という点にあることに気づく。

実は、この昭和一三年当時には、すでに日本キリスト教界では、ミッションスクールの学校教育においても、また教会においても、従って日本キリスト教界全体において、国体護持や神社参拝、国民儀礼の実施などのスケジュールはほぼ完了していた。詳細は避けるが、昭和六〜七（一九三一〜三二）年の「美濃ミッション事件（岐阜県大垣）」、昭和八年の「上智大学靖国神社参拝事件」、昭和一二年の「同志社大学神棚事件」などを経て、政府からみたミッションスクールの神社参拝他の問題は、すでにカタがついていた。先にみたように、日本では「抵抗らしい抵抗もない」まま、天皇制神道のプログラムは、順調に進んだのである。キリスト教教会の主流も同様であった。おそくとも昭和一三年「宗教団体法案が国会に提出されるころになると『福音新報』には（天皇制国家神道に対する）反対運動はおろか、批判的な一片の文章も見られなくなる」[31]という状況であった。

しかし、問題は当時の朝鮮キリスト教であった。現在でも韓国は、国民比一九パーセントほどがキリスト者である（日本は〇・八パーセント）。国民の五人に一人がクリスチャンという「キリスト教国」であるが、当時もキリスト教の勢いは大変なものであった。なかでも半島の北西部、平安南・北道（現北朝鮮、平壌とその北西部）はキリスト教徒がもっとも多かった地域で、その中心都市・平壌は、欧米の宣教師たちの間では「東洋のエルサレム」と称されるほどであった。しかも当時プロテスタント五〇万人といわれた朝鮮キリスト者のうち、三五万人は「長老教会」であり、この平壌とその北西部には長老教会がとくに多かった。そして、この長老教会「朝鮮耶蘇《イエス》長老教会」が、「神社参拝」をもっとも強行的に拒否していたのであった。

昭和一三年、六月二九日、富田、日高の二人はソウルから、今回の旅行の本来の目的地、「平壌」に夕刻着く。翌三〇日、午前中は、平安南道の道庁に行き、同「長官並びに瀬戸警察部長」と接見している。午後は平壌市内の教会をいくつかまわったりしたあと、夜八時ごろいよいよ〝敵の本丸〟とも言うべき「山亭峴《サンジョンヒョン》教会（朝鮮耶蘇長老教会山亭峴教会）」到着。大教会としても知られている教会であるが、何よりもこの教会の正牧師「朱基徹《チュギチョル》」は、神社参拝拒否の先鋒として有名な人物であった。李徳周『朱基徹牧師研究』によると、このとき朱基徹はすでにこの年の四月から三カ月近く警察署に拘留され、過酷な拷問と検問に連日さらされ続けており、結局彼の警察および刑務所での拘留と拷問の日々は、その後七年間も続き、昭和一九年四月、刑務所内で死亡するまで続いた。この日は「富田たちが来るから」というので、わざわざ官憲の手配で仮釈放され、富田たちとの対決の現場に連れ出されるという「演出」であった。もし衆目の前で、この朱基徹を説得できれば、これに勝る効果はないからだ。会場の山亭峴教会には、周辺地域の長老教会の指導者、百数十名が集合して待っている。また教会堂の外には、あふれるばかりの信徒たち数百名が、息を殺して取り巻いている。その中には「角袖《かくそで》」、つまり和服を着た私服警察官・刑事が会堂内に数名、外にはさらに多数が潜行していた。会場に集まった指導者たち全員が、神社参拝反対派というわけではなく、朱基徹牧師の逮捕後の悲惨な状況や、過酷な拷問を知っている者たちなど、「保身」のゆえにすでに賛成派に転向した者も少なくはなかった。[32]「神社参拝」大論争は翌朝四時すぎまで「徹夜」でなされた。平壌・山亭峴教会でのこの場面に限って、資料は実に克明に記録している。一部を引用したい。

　神社問題である。富田氏は既に政府が国家の儀礼として宗教に非ずと規定する以上、宗教の対象とすべきものではないと事を法令を引用して説いても繰り返して質問して来る。……朱牧師の如きは通訳を介して、じりじりと論究して来る。[33]

富田は言う。

　諸君の殉教精神は立派だが、何時《いつ》日本政府は基督教を棄てて神道に改宗せよと迫ったのか、その実《じつ》を示して貰《もら》いたい。国家は国の祭祀を国民としての諸君に要求したに過ぎまい。警官が個人の宗教思想を以《もっ》て諸君に迫ったと言ふが国家は斯《かか》ることを承認してはゐない。基督教が禁圧せられる、ときにのみ我らは殉教すべきである。明治大帝が万代に及ぶ大御心《おおみこころ》を以て世界に類なき宗教の自由を賦与《ふよ》せられたものを浸《みだ》りに遮《さえぎ》るは冒瀆《ぼうとく》に値する。[34]

富田の論拠は二点しかない。「神社は宗教に非ず」と「信教の自由」である。それ以上には何もない。この二点が、虚偽・偽装であったことは、すでに第一節に述べた通りである。従って、富田の論拠は単に政府の「代弁」以外の何ものでもなく、説得力はない。また植民地下の当時、いくら同じ「日本国民」であると強調してみても、天皇や神社への崇敬心や忠誠心を他民族に求めること自体が説得力を欠く。

しかし、富田らのこの旅行は大成功であった。朝鮮耶蘇基督教会は、その二カ月後の第二七回総会を平壌で開催し、公式に神社参拝を受け入れる「声明書」を発表し、総会終了後その足で指導者たちは「平壌神社」に参拝した。実は、この総会に先立って神社参拝反対者は、すでに大量検挙されていたのであった。有名をはせた「山亭峴教会」は間もなく閉鎖され朱基徹牧師の幼い四人の息子と夫人、年老いた母親は路頭に迷う。こともあろうに、反キリスト教国家権力と結託した日本キリスト教の指導者たちが、他民族・朝鮮のキリスト教界に乗り込み、キリスト教最大の罪「偶像崇拝」を強要してしまったのである。しかも、この驚くべき歴史事実、キリスト教暴力史に残りうる暴力は、表面的には成功裏に終えたのであった。——しかし、その後も朝鮮キリスト教の指導者たちは、神社参拝と現人神天皇への信奉を拒否し抵抗し続け、終戦の昭和二〇年までに、これら指導者のうち投獄された者は二〇〇〇人を越え、うち五〇余名が投獄中の拷問のため獄死している。殉教者五〇名のうちには、あまりにも激しい拷問のゆえに「発狂死」した者も少なくなかったと言われている。富田に屈しなかった朱基徹牧師は、その後も七年間ずっと警察署・刑務所で拷問を受け続け、それでも神社参拝を拒否し抵抗を続け、ついに昭和一九年四月二一日、夫人と最後の面会を終えたのち、平壌刑務所内で死去。拷問のため爪は剥がされ、肉はただれ、骨と皮ばかりになった遺体を幼い息子と夫人、年老いた母が抱きかかえ、リンゴ箱で作った棺に納めて、借家に持ち帰った。

政府の「手先」になりさがった富田たち日本キリスト教の指導者たちが、間接的にではあるが、彼らを殺したに等しい。先にのべたように、本来ならばローマの迫害と戦うべきキリスト教が、自己保身あるいは自己所属教会の保身のゆえに、むしろ迫害する者ローマの側に立ち、ローマの手先となり、まっとうなキリスト者を迫害したのである。明治中期、内村鑑三はまっとうな信仰のゆえに天皇制神道国家から「非国民！　国賊！」という言葉でののしられ職場を追われ、その心労ゆえに彼の若い妻を死に追いやった。また、これに関し植村正久は「何故に人類の影像を拝すべきの道理ありや（『福音新報』第五〇号、明治二四年、二月二〇日）」と述べ内村を援護した。ところが昭和の今や、その同じ言葉「非国民、国賊」が、こともあろうに日本キリスト教内部の指導者から、信徒に向けて、あるいは他民族である朱基徹牧師をはじめとする朝鮮キリスト教に向けて発せられ、結果的に多数のまっとうなキリスト者を教会から追放し、また間接的に多数のまっとうなキリスト者を殺してしまったのであった。このときの日本基督教団、日本のキリスト教、およびその指導者とは一体なんだったのであろうか。

日本最初のプロテスタント教会「横浜公会」の「公会定規（明治五、一八七二年）」の第一条、第二条には次のように記されていた。「第一条曰《いわく》、皇祖土神《どしん》の廟前《びょうぜん》に拝跪《はいき》すべからざる事」「第二条曰、王命と雖《いえど》も道の為には屈従すべからざる事」[35]と記されている。こうした明治以来のキリスト教は、今や存在しない。あるのは国家への追随と保身のみ。補足的に言えば、こうした場合、「国家の暴力」「国家の宗教的暴力」そのものよりも、それに「追随する者の暴力」のほうが、はるかに下劣で、程度が低いのではないだろうか。なぜなら、さまざまな国家の宗教的暴力とその構造を生産した伊藤や井上たちには、当時のどうしようもないほどに貧しく弱く遅れている日本を、無理やりにでもなんとかして諸外国に「肩を並べる」国にしようという、曲りなりにでも「目的と理念」があった。彼らは「神社は宗教に非ず」とか「信教の自由」を偽装し、国民に天皇制や国家神道を実質的に強制した。しかし、彼らは多くの矛盾や暴力性をそなえつつも、「とにかく日本を良くするのだ」という目的や理念があった。そして事実、あまりに多くの矛盾と暴力性をかかえたままではあったが、日本を「肩を並べる」国に近づけた。これに対し、「国家の暴力に追随した」富田たちには、目的も理念もまったくない。あるのは、ただ自己保身、自己所属集団への保身にすぎず、何よりも彼らは自己自身のキリスト教信仰を裏切っているではないか。「追随する者の暴力」のほうが、はるかに程度の低い暴力となったのはまちがいない(36)。ところで、富田たちの朝鮮旅行の「目的」と、その「背後勢力」をより明確に示す次の二つの資料をみておきたい。

『上に関連する他の二資料』。「富田満の朝鮮旅行」に関連する、次の二つの資料を挙げておかなければならない。第一は、先にもふれたクリスチャン代議士「松山常次郎の講演」。富田たちが朝鮮旅行を終え帰国して一カ月のち(昭和一六年八月)、松山は軽井沢における「日本基督教連盟、世界大会準備会」で「神社問題と基督教」という題目の講演を行ない、そのなかで次のように述べている(37)。

本年六月より七月にかけて日本基督教会大会議長の資格を以《もっ》て芝教会牧師、富田満氏が朝鮮の伝道旅行を行った七月一日平壌に於て　西鮮四道の長老教会信徒の代表者百数十名と一堂に会し　神社問題を討議した午後八時より翌朝午前四時半迄徹宵《てっしょう》熱心真剣の態度を以て研究討論し　遂に神社参拝を承認するとの決議を行ったとの事である、平安南道の当局者も総督府の官吏大《おおい》に富田牧師の働きを多《た》とし此《こ》の結果に対し感謝したそうである。富田牧師は平素より神社は宗教に非ずとの持論を有する人である。……危機を救った富田牧師の働きは総督府の官吏等も之《これ》を多とせねばならぬ。……（富田の働きは）朝鮮統治上最大難問題の解決に一歩を進めたものと言わなければならぬ。

これは、いわゆる「特高資料（思想犯専門の特別高等警察が保存していた資料）」であるが、やはり松山は最初から「富田満の朝鮮旅行」に深く関わっており、計画段階から政府側、総督府側、官憲側の重要なパイプ役を果たしていたことが、これによって裏付けられる。

　第二は、「富田満の朝鮮旅行」から六年後の昭和一九年、日本基督教団は統理・富田満の名で悪名高き「日本基督教団より大東亜共栄圏に在る基督教徒に送る書翰《しょかん》（以下、「共栄圏書翰」）」を、その名の通り大東亜共栄圏に属すアジアの国々のキリスト教教会に送った。事実、この書翰（手紙）はそのために「約一万部を作成」[38]している。この書翰は「懸賞募集」の形を採り、昭和一八年五月公示された。同公示によると、応募資格者は「日本基督教団所属の教師、信徒」、「一等一名金千円、二等二名各五百円」、「当選書簡は……支那語、比島語、マライ語その他に翻訳し、成《な》る丈《たけ》速かに大東亜共栄圏内の基督教界各方面へ普及」などとある。[39]その結果が同年一〇月に発表されたが、実は「選外佳作（五名）」のうち二名が、「郷司慥爾（白金教会主管者）」「日高善一（豊島駒込教会主管者）」であった。つまり、富田・日高・郷司という「朝鮮旅行」の三人トリオは、その五年後「共栄圏書翰」という戦時下日本キリスト教の最悪のシナリオにおいて、再び名前を連ねていた。このことによっても、「朝鮮旅行」と「共栄圏書翰」との基本的な意図における連続性を認めることができる（なお、ちなみに入選者には鮫島盛隆・関西学院宗教主事、山本和・日本女子神学校講師、松村克己・京都大学教授など。この選考の主催者側の責任者は富田のほかにも熊野義孝、由木康、比屋根安定など、いずれも戦後においても日本キリスト教界の指導者であり続けた者たちであった)。また、富田満はこの「共栄圏書翰」事件の前後、昭和一八年末にはすでに海外放送用の「〝大東亜共同宣言〞の基督教的解釈」というラジオ放送を行なったとみられ、その原稿「海外放送用原稿」が資料として残っている。(40)「共栄圏書翰」以外にも、同じ目的にたつ「大東亜共同宣言」ラジオ放送を富田はなしていたと推測される。

『その他の二資料』

《一》、昭和一六年一二月、日本基督教団成立が正式に文部省より認定。年が明けるとすぐ富田満は、伊勢神宮に参拝。目的は新教団設立を伊勢神宮のカミガミに報告するためである。『教団時報』は「富田統理の伊勢神宮参宮」というタイトルで以下のように記している。(41)

富田統理は一〇日夜行にて出発し、鈴木総務局長を帯同して一一日朝、伊勢大廟《だいびょう》に参拝せられた。而《しこう》して我が国に於ける新教団の発足を報告し、その今後に於ける発展を希願せられた。

キリスト教とは、何であろうか。そのトップが、日本基督教団成立後、まず「伊勢神宮」に参拝し、神宮のカミガミに新教団成立を「報告」し、神道のカミガミをまつる伊勢神宮に、その教団の発展を「希願」したと言うのである。カミガミの前に報告、希願して、それでもなお「宗教に非ず、国民の儀礼にすぎず」と言うのであろうか。「本当に、富田満がそのとき、希願したかどうかは分からない。それは富田にしか分からない」と言う者がいるが、それは筋違いの弁明である。問題は、このような「記事」を『教団時報』の名で堂々と掲載している当時の日本基督教団の姿であり、個人名を越えて、「日本キリスト教」が確実にかかる道を歩んで来たという弁明しようもない事実である。個人攻撃をするのが、本稿の目的などとまったく考えてはいない。「日本キリスト教」が、上述のような「反キリスト教」の道を歩んで来たのだという事実と、そこからの反省による新しい日本キリスト教の再出発はできたのか、これこそが問題の核心なのである。

《二》、最後に「《主張》殉国即殉教」（『日本基督教団　教団新報』第二五〇二号、昭和一九年九月一〇日掲載）について(42)。私たちは、先に「キリスト教はローマの迫害と殉教の歴史から始まった」「にもかかわらず、戦時下日本キリスト教は迫害と殉教を逃れ、さらにローマの側に立ち、ローマの手先に成り果てて、まっとうな韓国などのキリスト教を迫害した」という点を述べた。その戦時下日本キリスト教が「殉国即殉教」をどのように《主張》するのかを注目したい。資料の一部を抜粋してみよう。

> 基督《キリスト》の教会をして二千年の歴史あらしめたものは殉教の血であった。教会は実にステパノ、ペテロ、パウロ、ヨハネ等を始め幾多有名無名の殉教者の血によって築かれ且《かつ》保たれて来た。殉教の精神の衰へた時は教会の衰へた時であって教会の歴史を顧みると殉教なくして教会なしと言っても過言ではない。
>
> 然《しか》るに我が国に於《おい》ては信仰の自由が許されて居るのであるからして今更《いまさら》殉教といふことが必要とも思はれない……従って殉教といふことは今日に於ては全く無用のことのやうに考へられる。
>
> 今は国民総武装の時である。我々一億国民はみな悠久の大義に生き、私利私慾を棄てて只管《ひたすら》国難に殉ずる事を求められて居る。然るにこの国難に殉ずる処《ところ》にこそ福音への『立証』があり、『殉教』がある。吾々基督教信徒は何を躊躇することもない。前線に召されたる者は前線に於て屑《いさぎよ》く大君《おおきみ》の御楯《みたて》となって国難に殉ずべし。之れ即

ち殉教である。銃後に置かれたる者は銃後に於てあらゆる国難に堪《た》えつつ戦力の増強に奉献《ほうけん》すべし。之即ち殉教に外ならない。今は殉国の精神を要するときである。全国民をして此の精神に満たしめよ。其の時にこそ神風は捲起《まきお》こるであろう。

これは誰が書いた記事か？（おそらくは日高善一であろうが）そんなことはどうでも良い。要するに戦時下日本基督教団が公認したものだ。第一段引用をみれば、彼らは「キリスト教史における殉教の意味」を知っていたことが分かる。「知っていた」からこそ、なおさら悪質なのだが、彼らは「信仰の自由が認められている今日において殉教は無用（第二段）」だと信徒に言う。これが第一のウソである。天皇制神道国教国家の一体どこに、信仰の自由があったのか。むしろ、今こそ共に抵抗し殉教するときだ、と信徒に訴えるのが牧師、教師の役割ではなかったのか。もっとひどいのは、第三段の「この国難に」すなわち侵略戦争に「殉ずるところに、福音への証しがある」と言う点。キリスト者が、あの一五年戦争ですすんで戦死することと「福音への証し」に、一体なんの関係があると言うのだろうか。「福音を曲げる」とはこのことであろう。「戦場で大君《おおきみ》・天皇の楯となって殉ずべし。それが、殉教である」と言うとき、彼らは殉教の意味を知っていながらも、完全に「殉教の意味」を曲げる。福音を曲げ、殉教の意味を曲げ、従ってキリスト教史を曲げ、神風さえ願う彼ら牧師・教師の《主張》は、断じてキリスト教ではない。結論付けて言えば、このようにして戦時下日本キリスト教は、「魂を売り渡してしまった」としか思えない。

敗戦時および戦後

昭和二〇年八月一五日、日本敗戦。教団および日本キリスト教は、このとき戦時の自己の姿を、何よりもキリスト教的あるいは信仰的に徹底的に反省し責任自覚を持ち、それを通して根本的に改めるべきは改め、責任を負うべきは十分に責任を負い、かかる徹底した清算のうえに、新しい日本キリスト教を再建すべきであった。これは指導者の最低条件であるばかりか、神と教会の前に自覚的に立つ信仰者の場合はなおさらそうであろう。キリスト教ではこれを「悔い改め」と言い、神は真実の「悔い改め」の前では弱い人間の過ちを許す。同様、人間同士もそれに従って、許し合う。彼らはこの敗戦時に、このようなキリスト教の本質を信徒たちの前に示し、真実の反省、改悛により、何より神と人の前に許しを得るべきであった。そして、その事実が日本キリスト教史に明確に残る形にしていれば、その後の日本キリスト教、戦後日本キリスト教史は根本的に異なっていたかも知れない。

残念ながら、そうはいかなかった。第一に、彼らには「歴史認識」が欠けていた。キリスト教的にいえば、彼らの信仰自体、神学自体に問題があった。[43]『日本基督教団史資料集、第三巻』によると、敗戦直後の最初の「資料」は八月二八日開催の「第一三回教団戦時報告会　常務理事会」となる。その理事会での決定事項を「令達第一四号」として統理・富田満の名で全国の各教会の牧師に配送している。[44]すでに敗戦から、二週間近く経っている。にもかかわらず、そこには次のような言葉が並ぶ。「時局の激変にもかかわらず、教団の組織体制は微動だにしない」。「本教団の教師および信徒は、このさい（天皇の）聖旨《せいし》を奉戴《ほうたい》し国体護持の一念に徹し……総力を将来の国力再興に傾け、以て（天皇の）聖慮《せいりょ》に応え奉るべきである」。土肥昭夫は「もし教団が戦時中より心ならずも戦時体制に順応せざるを得なかった」のであれば「こんな指令（令達）はとうてい出せないのである」[45]と鋭く指摘する。戦時下日本基督教団の天皇制神道国家への従属は、たんなる「強制」や「心ならずもの順応」とは根本的に異なる何ものかを含む、と土肥は言っているのである。

第二に、彼らには「反省」がない。同昭和二〇年一二月五日、教団は「戦後最初の常議会」を開いた。[46]多数の代表者が集まるなか、〃今後の教団は、まず教団規則の決定が最重要課題〃という富田の挨拶の後、参加者たちから「教団統理並びに役職員」に対し次の質問がなされた。「戦争責任をどのように考えるのか」。富田が答える「余は特に戦争責任者なりとは思はず」。さらに翌、一月二〇日『日本基督教団　教団新報』に「戦時中に於ける教団立法行政の実相――戦争責任は何人《なんぴと》か」という、言い訳と弁解にあふれた記事が掲載。(47) 土肥昭夫によると、この記事は日高善一が書いたものだと言う。(48)「朝鮮旅行」のあの日高善一牧師兼記者だ。その要旨は〃我々は軍部や政府に強制され、それを伝えただけであって、責任はない〃。従って、「責任を負うべくは各教会の責任者が平等にそれに当らなければならなくなる」というものであった。土肥昭夫はそれを「極東裁判のとき、自分の言動をその機関決定にしたがってやったこととし、その責任を回避していった戦犯者のそれと同じ」ものだと、厳しく告発する。日高の戦争責任論は「一億総懺悔」と同じ手口だ。「一億総懺悔」というのは、敗戦後なんとか皇室と天皇制を残すため、戦争責任は天皇よりも国民全員にありとする詭弁として作られたものであった。同時にそれは、日本的精神主義に根ざした責任者責任回避論でもある。実はすでに敗後直後の八月には「一億総懺悔で行こう！」という戦後処理方針が、敗戦処理内閣として発足した東久邇首相やキリスト者賀川豊彦らによって決められていた。富田と同僚でもあり、富田ほどではないにしても戦争責任を負うべき平和主義者賀川豊彦は、敗戦後すぐ「内閣参与」に任命され「一億総懺悔」の提唱者、実施者として東久邇首相を助けることになる。キリスト者であることが、アメリカとの交渉を有利に導けるという判断によったのであろう。教団も、秘かにこれに協力していた。佐治孝典は『東久邇日記』を参照して、次のように述べる。「翌（昭和二〇年九月）二〇日、日本基督教団統理富田満や賀川豊彦らキリスト教界の代表者が首相官邸に集められ、東久邇よりキリスト教による国民道徳の高揚に努力するよう要請があった。この首相令旨を受けて、早速、教団は国民総懺悔運動の実施方針をたてている」。(49) つまり、教団も一枚かんでいた「一億総懺悔」路線上に、日高の

「戦争責任論（無責任論）」も乗っていたのであった。[50]

戦後というのは、キリスト教国アメリカ支配の開始でもあった。マッカーサーのキリスト教好きとも重なって、戦後とともにいわゆる「キリスト教ブーム」が（短時間ではあったが）始まった。キリスト教国アメリカの占領下、首相もクリスチャン、国会の議長もクリスチャン、先の賀川の「内閣参与」就任も同様である。教会は人々であふれ、誰もが教会に押しかけ、皇后陛下はキリスト教の講義を定期的に受けていた。そのため教会は優遇され、教団の責任問題よりも、このブームに乗り遅れてはならないというキリスト教会の諸活動の方が活発に追求された。戦後教団は戦争責任を、一方では政府と協力した「一億総懺悔」方針という欺瞞によって意図的に覆い隠し、他方では「キリスト教ブーム」によって巧妙に隠してしまった。土肥昭夫はこうした教団を「その時の風潮に便乗してキリスト教の有効性を説く機会主義的いき方、それによって自己の保身と拡大を図ろうとするエゴイズムは、戦前、戦中と少しも変わらなかったのである」[51]と激しく非難する。

日本基督教団は再編され、今も最大教派を誇る。その教団の「教会憲法（昭和二一年～現行）」は次のように述べる。「わが国における三〇余派の福音主義教会およびその他の伝統をもつ教会は、それぞれ分立して存在していたが、一九四一年（昭和一六年）六月二四日くすしき摂理のもとに御霊《みたま》のたもう一致によって、おのおのその歴史的特質を尊重しつつ聖なる公同教会の交わりに入った。かくして成立したのが日本基督教団であった」[52]。これは教団の「憲法前文」の二分の一（後半）にあたり、このあと第一条が続く。つまり、昭和一六年に日本基督教団が成立した経緯を、説明するのがこの部分である。教団設立の経緯は、本当にこれだけなのか。「くすしき（神の）摂理のもとに、聖霊なる神が与えた一致によって」それは成立した、としか述べていない。あの狂った時代を殉教することもなく生き抜いた、あの日本基督教団を、本当に「神の摂理」による「一致」だったと考えているのか。現在の教団の「憲法」にさえ、土肥昭夫の言う「変わることなきエゴイズム」は生きているのではないのか。しかも同「憲法」第三条は、今も「削除」され空白のままである。[53]「教団は敗戦と同時に解散すべきであった」と言うのは土肥昭夫や笠原芳光、森岡巌だけではないであろう。[54]先に亀井は、天皇制神道国家主義は何よりも「まず宗教的に無責任の一大体系」であったと述べた。その「宗教的無責任の一大体系」は、まさしくキリスト教において確実に歴史に刻み込まれ、その痕跡は今日においてさえも尾を引いている。

注

(1) 宮田光雄『ボンヘッファーとその時代――神学的・政治的考察』新教出版社、二〇〇七年、三三三頁、参照。

(2) 日本基督教団宣教研究所教団史料編纂室『日本基督教団史資料集、第二巻』日本基督教団出版局、一九九八年、三七五頁以下、参照。（括弧内は筆者による）。

(3) すでに幕末に上表された『大政奉還』にも「共に皇国を護っていけば、かならずや〝海外諸国と肩を並べる〟ことが出来よう」と謳われているように、列強と「肩を並べる」ことが、彼らの目標であったことがうかがえる。

(4) 司馬遼太郎『「明治」という国家』日本放送協会出版、一九八九年。とくに第二章「徳川国家からの遺産」参照。司馬は同章三二頁で「幕藩体制というのは世界史に類のない日本独特のもの」と言って、この論を始める。アジアの王たちが、自国の全領土を直接支配し、直接全領土から収税したのに対し、幕府将軍の直接支配は天領、直参旗本などであり、全国の大部分は各藩が独立採算的に支配した。

(5) 歴史科学協議会編『史料日本史近現代、第一巻（全三巻）』三省堂、一九八五年、一四三―四頁、参照（一部口語訳化）。

(6) 斉藤智朗『井上毅と宗教――明治国家形成と世俗主義』弘文堂。二〇〇六年、六七―八頁、参照。

(7) 羽仁五郎は、単なる家系の点から見ても天皇家の万世一系は疑わしいと言う。羽仁は『日本書紀正文』を資料として、次のように記す。「雄略天皇は即位後も、イチノベノミコ、ミマノミコ等を殺したので、皇室はほぼこの時に尽きた。」「清寧天皇また子なく、皇統を継ぐものなく、清寧天皇崩ずるや、播磨の国の縮見の屯倉の首の奴ヲケ、オホケの二人が、先に雄略天皇に殺されたイチノベノミコの子であるというので、ヲケが顕宗天皇となり、オホケが仁賢天皇になり」と長々と説明し、「継嗣無し」という『日本書紀正文』の語句を引用する。羽仁五郎「天皇制の解明」、久野収、神島二郎編『「天皇制」論集』三一書房、一九七六年、一九頁、参照。

（8）教学局編纂『臣民の道』内閣印刷局、昭和一六年、第二章「国体と臣民の道」、二「臣民の道」参照。政府側が示す天皇制国家のイデオロギーの実態、あるいは思想としての天皇制を、今日の私たちが読み取ろうとするのに、もっともまとまっていて役に立つのは『国体の本義』（昭和一二年）と『臣民の道』であろう。きわめて理路整然と、いわば論文のように客観的に記述されており、分量的にも四〇〇字原稿用紙一〇〇～一三〇枚程度で、なによりも「体系性」と「論理性」がある点がよい。この点では、例えば『教育勅語』ほかのように大部分の資料は余りにも短いため、かえって分かりにくい。

（9）松本昌悦『原典 日本憲法資料集』創成社、一九八八年、八三頁、参照。

（10）斉藤、前掲書、五五頁以下、参照。なお同書は著者の博士論文であり、有益な示唆を与えてくれた。

（11）文部省教学局編纂『国体の本義』内閣印刷局、昭和一二年、第一「大日本国体」、一「肇国」の節、参照。

（12）戸村政博『近代日本キリスト教史資料集1、神社問題とキリスト教』新教出版社、一九七六年、三頁、参照。

（13）同書、四頁、参照。

（14）村上重良『国家神道』岩波書店、一九七〇年、六〇頁、参照。

（15）斉藤、前掲書「終章、井上毅の世俗主義と国家神道」参照。

（16）戸村、前掲書、七頁、参照。

（17）ARINORI MORI, Religious Freedom in Japan, Privately Printed. Washington D.C. U.S.A. November, 25, 1872.『明治文化

全集、第一九巻、宗教篇』日本評論社、昭和二三年、巻末一―一三頁に英文のまま所収、参照。

(18) 戸村、前掲書、七頁、参照。

(19) ただし、政府は単に「キリスト教禁止の高札を撤廃」しただけであって、「キリスト教の公認」や「キリスト教宣教の自由」、あるいは「キリスト教を信じる自由」などの公布を文章で公表することはなかった。これが文章で国民の前に公表されたのは、明治二二年の「帝国憲法」第二八条の「信教の自由」の文言であった。従って明治六年の「高札撤廃」から憲法発布までは、キリスト教は単に「黙認」された、と見るのが妥当であろう。

(20) 戸村、前掲書、四一頁、参照。

(21) 村上、前掲書。同『天皇の祭祀』岩波書店、一九七七年。同『国家神道と民衆宗教』吉川弘文館、一九八二年（二〇〇六年、同社にて再刊）。同『天皇制国家と宗教』日本評論社、一九八八年（二〇〇七年、講談社学術文庫、再刊）、など参照。

(22) 『国体の本義』ではこれら三つの表現をしばしば、同じ意味のことばとして並べて用いる。また、この「神格」を定義して「この現御神《あまつかみ》（明神《あきつかみ》）或《あるい》は現人神と申し奉《たてまつ》るのは、所謂《いわゆる》絶対神とか、全知全能の神とかいふ如き神とは異なり……、限りなく尊く畏《おそれおお》きお方であることを示すのである（同、第一「大日本国体」、二「聖徳」の節）」という注目すべき説明を与えている。天皇の「神格」はキリスト教などのそれからは遠く、むしろ「ギリシャ神話の神々」にみられるような「人神」に近い。

(23) 亀井勝一郎「擬似宗教国家――現代史の七つの課題」三一書房編集部編『「天皇制」論集、第二輯』三一書房、一九七六年、所収、四三―五二頁、参照。亀井の本稿は『中央公論』一九五六年、九月号に発表されたものを、のち三一書房がそれを同書に再収録した。以下の亀井の引用は、すべて三一書房のものによる。
また小説『かのやうに』については、唐木順三編『明治文学全集、二七、森鷗外集』筑摩書房、一九六五年、一一二―一二六頁、参照。

(24) 旧約聖書、出エジプト記、二〇章、三―五節、参照。

(25) 戸村、前掲書、二四―五頁、参照。
(26) 同志社大学人文科学研究所編『戦時下抵抗の研究、第一巻 キリスト教、自由主義者の場合（全、二巻）』みすず書房、一九六八年、代表者和田洋一「まえがき」参照。
(27) 日本基督教団宣教研究所編『日本基督教団史資料集、第一巻日本基督教団の成立過程（全五巻）』日本基督教団出版局、一九九七年、一三―五頁、参照。同箇所には、「日本基督教団」に加盟した全教派・教会の一覧表（教派名、教会数、牧師数、会員数）を提示する。
(28)『福音新報』昭和一三年、七月七日―二一日号、参照。なお、『福音新報』は入手困難な資料ゆえ、以下の引用ほかは、同記事をそのまま再録している富坂キリスト教センター編『日韓キリスト教関係史資料集、Ⅱ』新教出版社、一九九五年、一六一―一六九頁によった。
(29) 土肥昭夫『日本プロテスタント・キリスト教史』新教出版社、一九八〇年、三二三頁、参照。
(30)『日本キリスト教歴史大事典』教文館、一九八八年、五〇三頁、参照。
(31) 戸村、前掲書、二三頁、参照。
(32) 李徳周『朱基徹牧師研究』韓国基督教歴史博物館、二〇〇三年、一九一頁以下、および巻末「年譜」、四八三頁以下、参照。翻訳なし、原典《이덕주 〝주기철목사연구〟 한국기독교역사박물관, 2003》
(33)『福音新報』二二二一号。富坂キリスト教センター、前掲書、一一六頁、参照。
(34) 同書、参照。なお補足的に述べれば、二人はこのあと平壌から新義州を列車で往復するが、その急行列車名はそれぞれ行きが「ひかり」、帰りが「のぞみ」と記されている。また、この往復列車には、警察や特高課長の護衛までついていた。
(35) 小澤三郎『幕末明治耶蘇教史物語』日本基督教団出版局、一九七三年、三一五―六頁、参照。および土肥、前掲書、四九頁、参照。

(36) ただし、戦時下日本基督教団の成立は政府側の「強制」による以上に、明治以来なされて来た日本キリスト教界の「教会合同」、つまり「自発的な」諸教派合同への運動の結果だとみる見解も存す。かかる見解の典型には、都田恒太郎『日本キリスト教合同史稿』教文館、一九六七年、などがある。

(37) 同志社大学人文科学研究所、社会問題研究所編『特高資料による、戦時下キリスト教運動、第一巻（全三巻）』新教出版社、一九七二年、一〇二頁、参照。それによると「神社問題と基督教　松山常次郎（八月四日、軽井沢に於ける日基聯の世界大会準備会にて発表せるもの）」とある（同書、九九―一〇四頁）。

(38) 前掲『日本キリスト教歴史大事典』「巻末、年表」一六三三頁、参照。

(39) 『教団時報』（上述の『福音新報』を受け継ぐキリスト教機関紙）一九四三年五月一五日、および同、同年一一月一五日、参照。これらは、現在、日本基督教団宣教研究所教団史料編纂室『日本基督教団史資料集 第二巻、第二編、戦時下の日本基督教団』日本基督教団出版局、一九九八年、三一四―六頁、収録。なお、同三一六―二六頁には「共栄圏書翰」全文収録。この書翰は、新約聖書の使徒パウロが「ローマ人への手紙」や「コリント人への手紙」を書いたのに模し、富田の名で「ソウルへの手紙」「台北への手紙」等々として送られた。全四章より成りかなり長く論文に等しいが、内容は「皇軍」「聖戦」「英米鬼畜とアジアの戦友関係」「国体の本義」などを謳《うた》い、「日本帝国は、万世一系の天皇これを統治し給ひ、国民は皇室を宗家《そうけ》と仰ぎ、天皇は国民を顧み給ふこと親の子におけるが如く慈愛を以てし給ひ、国民は忠孝一本の高遠なる道徳に生き、……われら国民は、畏《おそれおお》くも民を思ひ民安かれと祈り給ふ天皇の御徳に応《こた》へ奉《たてまつ》り、この大君のために己自身は申すまでもなく親も子も、夫も妻も、家も郷《ふるさと》も、悉《ことごと》く捧げて忠誠の限りを致さんと日夜念願してゐるのである」とか「全世界をまことに指導し救済しうるものは、世界に冠絶せる万邦無比なる我が日本の国体であると言ふ事実を、信仰によって判断しつつ我らに信頼せられんことを」などを共栄圏下のアジアのキリスト者に訴える。なおこの全文を的確に要約するものには、宮田光雄『権威と服従――近代日本におけるローマ書一三章』新教出版社、二〇〇三年、二五〇―一頁、がある。

(40) 戸村、前掲書、三五〇―二頁、参照。日本、満州、中国、タイ、フィリピン、ビルマなどに放送されたと推測しうる。また、当時、英米は戦闘相手であるにもかかわらず「日本のキリスト者が、日本政府から迫害を受けている」とマスコミを介して心配していたが、富田は同放送原稿のなかでこれを否定し「予は重責を帯びる日本基督教団統理者として明言する。日本の基督教徒は迫害を受けて居ない。信教の自由は、約五〇年前から帝国憲法に明らかに保障されて居る」と断言している。

(41) 『教団時報』一九四二年一月一五日、参照。引用は、富坂キリスト教センター、前掲書、二七四頁、によった。

(42) 同書、二八九―九〇頁、参照。

(43) 小山晃佑『神学と暴力――非暴力的愛の神学をめざして』教文館、二〇〇九年。同書は、ある種の神学説はその神学自体が「暴力」を生む、という注目すべき提言をなす。とくに保守的で伝統や正統性のみを追求する神学、人間を「救われるもの」と「救われないもの」に二分化するような神学、そうした神学を著者は「人間不在、愛不在の神学」「暴力を生む神学」として告発する。富田、賀川ほかが学んだ当時のプリンストン型神学(G・メイチェンやC・ホッジやB・ウォーフィールドに代表される神学)自体が何であったのか、という問いを投げかけているように思われる。

(44) 日本基督教団宣教研究所、前掲書、第三巻「第一章、敗戦直後の日本基督教団」「資料一、第一三回教団戦時報告会常務理事会」「資料二、令達第一四号」、三四―七頁、参照。

(45) 土肥、前掲書、四一五頁、(傍点、括弧は筆者による)、参照。

(46) 日本基督教団宣教研究所、前掲書、第三巻、五〇―六頁、参照。

(47) 戸村、前掲書、三五七―八頁より引用、参照。

(48) 土肥、前掲書、四一六頁、参照。

(49) 佐治孝典『土着と挫折――近代日本キリスト教史の一断面』新教出版社、一九九一年、八二―三頁、参照。本書第一部は「賀川豊彦論」。そこには四本の優れた論文が収録され賀川豊彦に関して、主に全集熟読によると思える、さまざまの洞察に出会うことができた。また本書の他の論文からも、著者の「キリスト教日本土着論」への真剣な問いと試みが伝わって来た。

(50) なお、敗戦後の日本キリスト教の問題全般については、土肥、前掲書「第一二章、戦後のキリスト教」に詳しく、日本キリスト教史研究の第一人者の手によって、客観的に叙述されている。

(51) 土肥、前掲書、四一七頁、参照。

(52) 日本基督教団『日本基督教団　教憲および諸規則』日本基督教団出版局、二〇〇五年、六頁、参照。なお、『同、教憲および諸規則』は昭和二一年一〇月の京都臨時総会にて決定された。『基督教年鑑、一九四八（昭和二三）年版』キリスト教新聞社、二〇〇九年復刻版、一四八頁、参照。

(53) 日本基督教団、「憲法」第三条は現在も「削除」となっていて「空白」のままである。この「憲法」が作られた敗戦後の昭和二一年一〇月、この第三条には「本教団教義の大要左のごとし」として「イエス・キリストに由りて……」に始まる約七～八行の文章が記されていた（日本基督教団宣教研究所、前掲書、第三巻「教憲」九二―三頁、参照）。しかし、驚くべきことにこの第三条は戦時下昭和一六年のそれを、そのまま転用したものであった。すなわち、「宗教団体法」が施行され、それに従って日本基督教団を半強制的に作らされる際、昭和一六年政府（文部省宗教局）に提出した「教団規則第五条」とまったく同一の文面だったのである（日本基督教団宣教研究所、前掲書、第二巻、二二頁、参照）。このゆえに現「憲法」第三条本文は後日「削除」され、現在はただ「第三条」とのみ記され、その本文部分は空白のままにされている。いたるところで「無責任さ」の足跡が目立つ。

(54) 「それにしても、なぜ教団は戦後に崩壊しなかったのだろう」（土肥、前掲書、四一九頁）。「笠原　教団は敗戦と同時に解散すべきであったと思うんですね。」「森岡　その点では、僕も異存ありません。笠原さんの解散論については、もしそうなら僕としてはそれを革新ということばに置きかえてもいい」（森岡巌、笠原芳光『キリスト教の戦争責任――日本の戦前・戦中・戦後』教文館、一九七七年、一〇〇―三頁、参照）。

参考文献

資料類

富坂キリスト教センター編『日韓キリスト教関係史資料Ⅱ（全二巻）』新教出版社、一九八五～九五年
戸村政博編著『日本近代キリスト教史資料1、神社問題とキリスト教』新教出版社、一九九七年
日本基督教団宣教研究所教団史料編纂室『日本基督教団史資料集　第一巻～第四巻（全五巻）』日本基督教団出版局、一九九七～二〇〇一年
同志社大学人文科学研究所／キリスト教社会問題研究会編『特高資料による、戦時下のキリスト教運動、全三巻』新教出版社、一九七二～三年
『基督教年鑑、一九四八（昭和二三）年版』キリスト教新聞社、一九四八年、（戦後最初の『基督教年鑑』二〇〇九年、復刻版発行）
森岡巖、笠原芳光『キリスト者の戦争責任』、「巻末 資料集」、教文館、一九七四年
歴史科学協議会編『史料 日本近現代史Ⅰ（全三巻）』三省堂、一九八五年
松本昌悦編『原典日本国憲法資料集』創成社、一九八八年
笹山晴生ほか編『詳説 日本史史料集』山川出版社、一九九四年
安丸良夫、宮地正人篇著『日本近代思想大系5 宗教と国家』岩波書店、一九八八年
文部省教学局編纂『国体の本義』内閣印刷局、一九三七年
『日本キリスト教歴史大事典』教文館、一九八八年

その他

ARINORI MORI, Religious Freedom in Japan,Privately Printed.Washington D.C. U.S.A. November. 25. 1872 吉野作造ほか編『明

治文化全集、第一九巻、宗教篇』日本評論社、一九二八（昭和三）年、所収
同志社大学人文科学研究所編『戦時下抵抗の研究、一（全二巻）』みすず書房、一九六八～九年
斉藤智朗『井上毅と宗教――明治国家形成と世俗主義』弘文堂、二〇〇六年
『「天皇制」論集（全二巻）』三一書房、一九六七年
村上重良『国家神道』岩波書店、一九七〇年／『天皇の祭祀』同、一九七七年／『国家神道と民衆宗教』吉川弘文館、一九八二年／『天皇制国家と宗教』日本評論社、一九八八年
土肥昭夫『日本プロテスタント・キリスト教史』新教出版社、一九八〇年
土肥昭夫「近代天皇制とキリスト教――帝国憲法発布より日清戦争まで」富坂キリスト教センター編『近代天皇制の形成とキリスト教』新教出版社、一九九六年、所収
宮田光雄『権威と服従――近代日本におけるローマ書十三章』新教出版社、二〇〇三年
宮田光雄『ボンヘッファーとその時代――神学的・政治的考察』新教出版社、二〇〇七年
富坂キリスト教センター編『十五年戦争期の天皇制とキリスト教』新教出版社、二〇〇七年
小澤三郎『幕末明治耶蘇教史研究』日本基督教団出版局、一九七三年
雨宮栄一『バルメン宣言研究――ドイツ教会闘争史研究』日本基督教団出版局、一九七五年
雨宮栄一『日本キリスト教団教会論』新教出版社、一九八一年
佐治孝典『土着と挫折――近代日本キリスト教史の一断面』新教出版社、一九九一年
司馬遼太郎『「明治」という国家』日本放送出版協会、一九八九年
小山晃佑『神学と暴力――非暴力的愛の神学をめざして』教文館、二〇〇九年
이덕주〝주기철목사 연구〟한국기독교역사박물관, 2003（李徳周『朱基徹牧師研究』韓国キリスト教歴史博物館、二〇〇三年）

竹中克英さんの死を悼む

「暴力および暴力論研究会」のメンバーであった竹中克英さんは二〇〇八年一二月一五日に永遠に旅立った。享年六四。共同研究第二期の成果である本書の一部を割いて、兄《けい》の仕事と、私事ながら兄の思い出を記すことをお許しいただきたい。

兄と私は一九六四年、京都大学文学部に入学した。兄はドイツ語を、私は中国語を選択したので、クラスが違い、学生時代は面識がなかった。しかしたぶん兄とはそれと知らずに何度か邂っていたはずである。兄は吉田神社の鳥居の横にあった書店でバイトをしており、私は神楽岡界隈に軒を連ねる学生食堂で夕食をとった後、そこで立ち読みをするのが日課だったのだから。兄は独文専攻に進んだ後、経済学部に転部し、社会思想史を学び、再び独文に戻り、カフカの研究で修士号を取得した。一九七三年、兄はドイツ語の、私は哲学の教師として、同時に愛知大学教養部に職を得た。

兄は一九八六年から二年間、マールブルクのヴァルター・ファルク教授の下で学んだ。兄がいかにファルク教授を敬愛していたかは、教授を「暗夜の海を行く小舟にその進路を指し示す灯台」と形容している言葉からも理解できる。兄は教授の『文学の構成素分析』（松籟社）と『近代の終焉におけるフランツ・カフカと表現主義者たち』（梓出版社）

を翻訳し、その学恩に報いている。また、ギュンター・アイヒの放送劇二点、『もうひとりの私』と『流れ——運命と時について』（ともに松籟社）を翻訳している。後者の解説に、兄は、共同研究の旅で一九九九年夏に訪れたアウシュヴィッツ絶滅収容所の廃墟に佇んで、「わたしは、この広大な無の空間が、人類の歴史的宇宙の巨大なブラックホールのように、すべてを漆黒の闇に飲みこむ、不気味な様相をした『人類史の絶対的零地点』のように感じられる。我々人間は、ただひたすらこの虚無の空間に向かって、長い歴史的道程を歩んできたのではないだろうか」と記している。

私たちは、一九九五年七月から二年余、教養部長及び副部長として、教養部の解散と、所属を失う教養部教員のための新学部設置と既存他学部への移籍、この難問の解決にあたった。会議はほぼ毎日のようにあり、特に学部長会議や評議会は深更に及ぶこともめずらしくなかった。人事が絡むこの種の案件に正解はなく、折衝は怨まれこそすれ感謝されることはない。望んでいたポストに就いた人は自分自身の力によるものと考え、そうでない場合は、挙げて私たちの責任とされるのである。ここはその経緯を書く場ではないし、当時の紛糾と私たちの屈辱感を甦らすことは決して楽しいことではない。しかしこの時ほど兄と気持ちを一にしたこともない。兄は各務原の自宅から豊橋まで三時間かけて通勤しており、一二時を回って電車がなくなると、翌日の名古屋校舎での授業に間に合うようにタクシーで帰った。最終電車まで余裕があるときは、かつて映画館であった松葉町のビルの地下にある居酒屋で酒を飲むのが常であった。そういうとき私たちは決して「学内政治」の話はしなかった。もううんざりなのである。兄は裕次郎が好きで、その歌声は抜群であった。私は兄から「こぼれ花」、居酒屋のママからは「他人《ひと》の妻」を教わった。亡くなるひと月前病室から兄は、「先日テレビで『他人の妻』を歌うのを見て、一二年前学部長会議の後、一緒に立ち寄った居酒屋の頃のことを思い出し、何故かひとり病室で涙ポロポロ流していました」とメールをくれた。

共同研究をやろうと思い立ったのはこのころの苦い経験からであった。私たちは、教養部解散と新学部設置のめどは立ったが移籍問題で暗礁に乗り上げたとき、辞任を余儀なくされたのだが、その経験が組織の持つ暴力性を思い知らせてくれたのである。辞任して半年ほど経った一九九八年三月、同人を募って共同研究の最初の会合を名古屋でもった。それから、途中の休みをいれて、一〇年も会は続いたのである。第一期の成果発表『人はなぜ暴力をふるうのか』（梓出版社）は二〇〇三年一二月に出たが、この年、兄はアウクスブルクに、私はミュンヘンにそれぞれ二回目の留学で滞在していたので、頻繁に会って構想を練ることができた。この書物に、兄は「自然と暴力——フロイト『文化への不満』について」と「現代社会と暴力——エーリヒ・フロムの社会的性格論について」を寄せている。兄がフロイトの精神分析とその継承者であるフロムを取り上げたのは、自然本能的な暴力を文化や社会という人間の共同性がどこまで解決しうるかあるいは解決しえないのか、という問題意識からであり、その根底にはアウシュヴィッツの圧倒的な体験と、近代に対するペシミズムがあった。そう、兄には人間社会に対する一種の世直し衝動と人生に対する優しい諦念があったように思われる。それが社会や組織への心《しん》の強い批判と、他人に対する穏やかな心遣いを生んだのであろう。

第二期の共同研究で二〇〇五年八月、カンボジア、ラオス、タイを旅したときは、兄はまだ元気であった。クメール・ルージュの遺したすさまじい荒廃を前にして兄はただ佇み無言であった。二〇〇七年一月、心筋梗塞の発作の後、肺ガンが見つかった。それから二年近くの闘病生活のなかで、兄はファルク教授の翻訳とお父上の遺稿の編集にあたっていた。これは未完に終わったが、それにもまして残念なのは兄自身の思考を深める時間が永遠に失われてしまったことである。兄は、「書けない、書けない」という私の嘆息と甘えにいつも激励をもって応えてくれた。兄の死は悲しい、しかしいつかまた会えるのだから、それまで兄の代わりに私もまた時間の許す限り考え書いていかねば。

（海老澤善一）

『人はなぜ暴力をふるうのか』(2003年) 目 次

あとがき

本書のタイトル『続　人はなぜ暴力をふるうのか』に「続」がついている理由については、「はしがき」をご覧いただきたい。二〇〇五年度に第二期共同研究を組織してから五年が経過し、ようやく本書をまとめることができた。「はしがき」でも触れているように、第一期共同研究の成果をまとめた前著の『人はなぜ暴力をふるうのか』は、大学の授業でテキストとして用い、研究の成果を学生に還元した。すなわち、二〇〇六年度から二〇〇九年度まで、愛知大学名古屋校舎の「思想文化総論」という複数教員が担当するリレー式の形態をとる講義科目を、私たち共同研究のメンバーが担当したのである。しかし、前著を授業のテキストとして使用することは、執筆時点ではまったく想定していなかった。そのため、授業のテキストとしては必ずしも使いやすいものではなかった。そこで、今回の続編については、授業で使用することを前提にした構成を考えたのであるが、竹中克英さんを失うという想定外の悲しい出来事に直面した（本書の「竹中克英さんの死を悼む」を参照していただきたい）ことなどから、その構成を変更せざるをえなくなり、章立てにしているとはいえ論文集の体裁をとることにした。しかし、各執筆者は、授業でテキストとして用いることもありうることを念頭に置いて執筆したはずである。

ところで、今回の第二期共同研究においては、15回の研究会、3回の学会発表（社会思想史学会の「セッション」）、

3回の海外調査旅行（東南アジア、台湾、韓国）、3回の国内調査旅行（靖国神社、倉敷市水島地区戦跡、豊橋市・渥美半島・神島戦跡）、3回の講演会を開催した。ここでは、以下に講演会について記しておきたい。

京都大学大学院教育学研究科助教授（当時。現在は准教授）の駒込武先生に「植民地主義という暴力——神社参拝問題に即して考える」と題した講演をお願いした（二〇〇六年三月四日）。日本の植民地下台湾における台南長老教中学が直面した神社参拝問題というきわめて具体的な事例をもとに、国家がいかにして被植民者を分断・分裂させせつつ支配の中に組み込んでいったかを詳細に論じた講演で、われわれの台湾調査旅行の契機となった。

金大中大統領の時代に「韓日文化交流政策諮問委員長」を務め、同政権の対日本関係、特に韓国における「日本文化解放」プログラムを実施された池明観（チ・ミョンクワン）先生には「日韓関係と東アジアについて——第五期東アジアの平和と日韓関係」と題した講演をしていただいた（二〇〇六年六月一七日）。軍事政権下にT・K生の筆名で「韓国からの通信」を『世界』誌（岩波書店）に書いた当時を振り返りながら、戦後の韓国における社会的・政治的動向および日韓関係について生々しく語られた。この講演はわれわれの韓国調査旅行の下地となった。

そして、名古屋市立桜台高校校長の喜多島慎先生には「学校におけるいじめの実態——小学校から高校まで」と題した講演をお願いした（二〇〇八年一月一二日）。主に教員側からの分析と困難性について話をしていただいたが、普段、いじめについてマスコミ報道によってしか情報を得ることのない私たちにとって、おおいに参考になった。

たとえ本書の本文中にこの皆様のお名前が登場しなかったとしても、大きな啓発を受けたことは紛れもない事実である。快く講師を引き受けてくださり、実に内容豊かな話をしていただいたことに、厚くお礼申し上げたい。

最後に、本書の刊行にあたって梓出版社の本谷貴志さんに大変お世話になった。ここに記して感謝の意を表したい。

二〇一〇年三月

執筆者一同

執 筆 者 紹 介（執筆順）

海老澤善一《えびさわぜんいち》

1945年生、愛知大学文学部、哲学

①『ヘーゲル論理学研究序説』（梓出版社、2002年）②『哲学講義』（梓出版社、2002年）

太田《おおた》　明《あきら》

1955年生、前愛知大学法学部、現玉川大学文学部、教育哲学

①「責任とその原型――ハンス・ヨナスにおける責任倫理とその含意」（愛知大学『文学論叢』第129、131、134、136輯、2004-2007年）②「子どもの未来性と未来世代の権利」（山崎英則編『教育哲学へのいざない』学術図書出版、2007年所収）

高須健至《たかすけんじ》

1946年生、元愛知大学経済学部、日本経済論

①「尾州毛織物産地における社会的分業構造とその変化」（愛知県経済研究所『あいち経済時報』NO.127、1980年）②「日本の社会経済の歴史と構造への一試論」（『愛知大学経済論集』NO.154-156、158、159、161、163、165、168、2000-2005年）

田川光照《たがわみつてる》

1950年生、愛知大学経営学部、フランス文学

①「フランス語改革論者レチフ・ド・ラ・ブルトンヌ」（愛知大学言語学談話会編『ことばを考える』5、あるむ、2006年所収）②（翻訳）ミシェル・ヴィヴィオルカ『暴力』（新評論、2007年）

常石希望《つねいしのぞむ》

1947年生、愛知大学法学部、韓国学

①「韓国における初期キリスト教受容の要因（上、中、下）」（愛知大学『言語と文化』NO.13、17、19、2005-2008年）②（翻訳）李徳周「初期韓国教会の民族教会的性格（1、2、3）」（愛知大学『言語と文化』NO.16、17、18、2007-2008年）

続　人はなぜ暴力をふるうのか　　定価はカバーに表示

2010年３月10日　第１刷発行

著　者© 海老澤善一
太田明
高須健至
田川光照
常石希望
発行者　本谷高哲
制　作　株式会社シナノ
東京都豊島区池袋4-32-8
発行所　梓出版社
千葉県松戸市新松戸7-65
電話・FAX 047（344）8118

乱丁・落丁本はお取り替えいたします。

ISBN 978-4-87262-229-4 C3036